KB144540

환경 보호에서 식량 안보까지
미래 식량 전쟁

10대 이슈톡_04

미래 식량 전쟁

초판 1쇄 발행 2022년 9월 23일

지은이 나상호
펴낸곳 글라이더 **펴낸이** 박정화
편집 한나래 **디자인** 김유진 **마케팅** 임호

등록 2012년 3월 28일 (제2012-000066호)
주소 경기도 고양시 덕양구 화중로 130번길 14(아성프라자)
전화 070)8233-5799 **팩스** 0303)0949-5799
전자우편 gliderbooks@hanmail.net **블로그** https://blog.naver.com/gliderbook
ISBN 979-11-7041-112-3 (43330)

ⓒ 나상호, 2022
이 책은 저작권법에 따라 법에 보호받는 저작물이므로 무단전재와 복제를 금합니다.
이 책 내용의 전부 또는 일부를 재사용하려면 사전에 저작권자와 글라이더의 동의를
받아야 합니다.
이 도서는 2022 경기도 우수출판물 제작지원 사업 선정작입니다.

책값은 뒤표지에 있습니다.
잘못된 책은 바꾸어 드립니다.

글라이더는 독자 여러분의 참신한 아이디어와 원고를 설레는 마음으로 기다리고 있습니다.
gliderbooks@hanmail.net 으로 기획의도와 개요를 보내 주세요. 꿈은 이루어집니다.

환경 보호에서 식량 안보까지

미래 식량 전쟁

나상호 지음

글라이더

추천사

OECD education 2030에서는 학생들이 성인이 될 2030년에 직면하게 될 첫 번째 도전이 기후변화와 천연자원 고갈로 인한 긴급 조치와 대응이라고 전망하고 있다. 이 책은 학생들이 그 도전을 쉽게 이해하고 상상할 수 있도록 먹거리를 주제로 기후위기, 식량곤충, 인공고기, 식물공장 등을 연결하며 마주하게 될 미래 이야기를 전한다. -〈충청북도환경교육센터장 김회기〉

지구촌은 코로나19 바이러스에 감염되었고, 기상이변을 지나 기후변화로 홍수, 가뭄, 산불 등으로 신음하고 있다. 인류 문명 발달의 역효과가 나타나고 있는 것이다. "제4차 세계대전은 막대기와 돌을 들고 싸우게 될 것이다."라는 말과 같이 '다시 원시시대로 가는 프로그램이 진행되고 있는 것은 아닐까?'라는 생각에 잠겨 있을 때 저자는 '미래의 먹거리'라는 물음표의 주제를 던졌다.

– 〈충북과학고등학교장 최동하〉

이 책은 환경 파괴에 따른 기후변화, 물부족 등의 결과를 먹거리와 연계시켜 위기 의식을 고취시키고, 대체 먹거리 개발 등 적극적인 해결 방안을 제시함으로써 학생들이 자신의 진로 방향을 탐색할수 있도록 하였다. 환경 교육의 목적을 '미래 먹거리'라는 주제로 연결하여 쉽게 이해할 수 있도록 구성하였다.

– 〈한국바이오마이스터고등학교장 류영목〉

인간의 무분별한 환경파괴로 지구온난화와 이상기후로 인하여 발생된 인류의 위기상황과 위기극복을 위한 노력 등 인류의 생존을 위한 미래의 식량에 대한 무거운 주제를 식량곤충, 인공고기, 식물공장 등의 대안으로 유쾌하게 설명해 주고 있어 희망적인 메시지를 전한다. 더 나아가 미래 사회에서 우리가 선점해야 할 미래 먹거리인 기술력, 지혜로운 사고 능력, 생존을 위한 식량 안보에 대한 풍부한 사례들이 체계적으로 정리되어 있어 향후 진로와 삶의 목표 설정에서 나침반의 역할을 할 수 있다.

– 〈충북대학교 지구과학교육과 겸임교수 허윤정〉

들어가며

학생과 함께 하고 싶은 꿈

저는 어려서부터 세 가지 꿈이 있었습니다. 그중 하나가 바로 현재 일하고 있는 교사였고, 또 하나는 과학자였고, 다른 하나는 기계공학자(engineering)였습니다. 지금은 이 꿈을 어느 정도 실현한 것 같습니다. 기계를 좋아해서 기계 과목을 가르치는 교사가 되었고, 지금은 학생과 함께 지낼 수 있는 생활교육 전문 장학사로 생활하고 있으니까요. 과학자의 꿈을 다시 꾸게 한 것은 이 책을 쓰면서부터입니다.

사실 조금은 편하게 생각했습니다. 전문가는 아니지만 내가 관심 있어 했던 분야니, 머릿속에 이미 다 들어 있다고 생각했어요.

그러나 좀 더 공부해야 했고 글을 만들어 내는 인고의 시간이 필요했습니다. 이 시간을 통해 나 역시 성장했지만요. 힘들었지만 과학자와 교사의 두 가지 꿈을 이룬 것 같은 기분으로 즐겁게 이 책을 썼습니다. 전문적인 부분은 과학자의 시선으로, 표현은 청소년들이 조금 더 쉽게 이해할 수 있도록 친절한 교사의 마음으로 써내려갔습니다.

환경에 대한 인식 재고 필요성

누구나 환경 보호에 대해 알고는 있지만 실제 행동으로 옮기기는 매우 힘듭니다. 이 책을 읽고 있는 학생들도 실천이 힘들다는 것은 알고 있을 것입니다. '나 하나가 실천한다고 바뀌는 게 있을까?'라는 생각을 가질 수도 있습니다. 하지만 영향력 있는 사람들이 하나둘씩 환경 보호를 위해 힘을 모았고, 영화도 만들며 알렸습니다.

이런 실천이 모여 종이컵 대신 재사용 가능한 컵들을 점차 사용하게 되었고, 플라스틱 빨대 대신 종이로 만든 빨대를 사용하게 되었습니다. 편하다는 이유로 1회용품을 마음껏 쓰던 시절도 있었습니다. 그렇지만 지금은 그때를 후회하고 앞으로 사용하지 않으려고 노력하고 있지요. '나 하나쯤이 아니라 나부터'라는 생각이 실천의 출발선인 거 같습니다.

하나만 실천해도 나도 환경 보호가

사실 우리 모두는 환경을 지켜야 할 의무를 지고 있습니다. 실천은 어렵지만 그 필요성은 누구나 인지하고 있지요. 하지만 생각에만 머물고 실천하기는 어렵습니다. 오랜 속담인 '천릿길도 한 걸음부터', '시작이 반이다'처럼 먼저 하나씩 본인이 할 수 있는 것부터 실천해 보세요. 음식을 남기지 않기, 일회용품을 줄이고 머그잔이나 텀블러 사용하기, 쓰레기 줄이기 등 찾아보면 가능한 여러 일들이 있을 겁니다.

안 되는 것을 무조건 지키기보다는 실제로 가능한 일들을 조금씩 넓혀 가는 것이 중요합니다. 여태껏 잘해 온 것들에 살을 붙여 나가다 보면 환경이 조금 더 깨끗해질 것입니다. 아울러 우리 소비자가 똑똑해져야 생산자들이 이러한 친환경 제품을 만든다는 것을 잊지 말았으면 합니다. 친환경 제품을 클릭하는 것만으로도 환경에 도움을 줄 수 있답니다.

환경 보호에서 식량 안보까지

기후 변화를 넘어 기후 위기인 시대입니다. 기후 위기로 인해 전통적인 방법으로는 안정적인 식량 생산이 어렵습니다. 이를 대체하기 위해 생긴 다양한 먹거리를 함께 알아보려고 합니다. 알던 사실도 있을 테고 새로 배운 것도 있을 거예요. 하지만 이 모든 것들이 식량 안보와 연결된다는 사실도 알고 있었나요?

여러분이 맛있게 먹고 있는 한라봉, 레드향, 천혜향, 샤인머스캣은 한 나라에서 개발한 품종입니다. 바로 가깝고도 먼 나라 일본입니다. 일본 품종들이 우리나라에서 재배된다니 다른 말로 종자 식민지(?)라고 할 수 있을 것 같아요. 이 책을 통해 우리 종자가 왜 중요하고 식량 안보에 신경 써야 하는 이유를 함께 알아보도록 하겠습니다.

화학공학부터 식품공학까지

식량 안보라는 주제가 너무 거창해 보여도 사실 무척 중요한 내용입니다. 우리 후손들이 잘 살기 위한 방법이기도 합니다. 사실 이 책은 미래의 공학도와 과학자들을 위한 책입니다. 교사로 재직할 때는 제자가 신문 1면 기사에 나왔으면 좋겠다고 생각했었어요.

작가로서의 꿈은 이 글을 읽은 여러분이 훌륭한 과학자가 되어 신문 1면 대신 포털 메인에 올라왔으면 좋겠습니다. 실시간 1위면 더 좋고요. 그리고 본인이 좋아하는 분야가 어딘지 고민하고 더 깊게 알아보는 계기가 되는 책이었으면 좋겠습니다. 어느 분야를 선택하든 여러분의 몫이지만, 이 책을 읽고 나서는 식량 안보에서 끝나는 게 아니라 전 세계적인 관점에서 인류의 식량문제

해결에 마침표를 찍길 바랍니다.

이 책이 나오기까지

나의 보잘것없던 분절된 아이디어를 보고 책을 함께 쓰자고 추천하고 옆에서 응원해준 김진이 선생님과 글라이더 박정화 대표님, 책을 쓴다고 가정에 충실하지 못한 못난 아빠를 늘 응원하고 사랑하는 우리 가족과 부모님, 나의 영원한 반쪽 이경아 님에게 감사의 인사를 전하고 싶습니다.

2022년 8월
나상호

차례

— 1장 —
대한민국은 □ 국가

대한민국은 ☐☐☐ 국가

우리가 사는 대한민국은 과연 어떤 나라일까요? 여러분은 네모 안에 어떤 말이 들어간다고 생각하나요? 동방예의지국, 동쪽의 고요한 아침의 나라, 배달의 민족 등 여러 단어가 생각나지요? 하지만 기후 변화와 지구온난화에 의해 우리나라는 계속 '네모'의 국가가 되어 가고 있습니다. 이 정도 힌트면 여러분도 떠올릴 수 있겠지요. 여러분이 생각하는 우리나라의 모습이 과연 얼마나 맞을지 알아보겠습니다.

1
대한민국은
아열대 국가

1200년 만에 가장 빨리 개화한 벚꽃

해를 거듭할수록 기후 변화가 실감 나게 느껴지고 있습니다. 하지만 2021년은 체감 기후 변화가 더 잘 느껴지는 해였습니다. 단지 느낌이 아닌 현실로 다가왔다는 사실이 객관적 데이터로 증명되었습니다. 개화 시기에 따라 벚꽃 나들이를 가고 사진도 찍고 추억을 만들곤 하지요. 근데 올해는 따뜻한 봄이 너무 일찍 찾아왔습니다. 일본 오사카 대학의 자료에 의하면 일본의 벚꽃 만개 시기가 기록을 시작한 800년대 이래 1200년 만에 가장 빨랐다고 합니다. 유난히 따뜻한 날씨가 벚꽃의 빠른 만개에 영향을 준 것으로 파악하고 있습니다.

컬럼비아대의 벤자민 쿡 연구원은 〈워싱턴포스트〉와의 인터
뷰를 통해 "벚꽃의 개화 시점이 봄철 기온에 민감하게 반응한다
는 점에서 기후 변화 연구에서 매우 가치가 높다"라고 밝힌 바
있습니다. 이 내용을 보면 이처럼 기록을 잘하는 일본이 부럽기
도 하지만, 이를 토대로 단순히 기후 변화라고 하는 것이 미래의
걱정거리가 아닌 현재 문제라는 것을 알게 해준 사건이라고 볼
수 있습니다.

대화의 수준을 끌어올리는 ; 똑똑이 아이템 1

여러분은 기온과 기후의 차이점을 아시나요?

기온은 공기 온도를 말하는 것으로 국제적 기준으로는 지상으로부터 1.25m에서 2m 사이에 있는 공기 온도를 말하며, 대한민국에서는 지상으로부터 1.5m에서의 공기 온도를 의미합니다.

기후는 오랜 기간의 평균적인 날씨를 뜻하는 것으로 일반적으로 30년간의 평균을 이용합니다. 날씨는 일시적인 기상현상을 나타내는 것에 비해, 기후는 지속적이고 평균적인 기상현상을 나타내지요. 기후는 늘 똑같은 것이 아니라 시간이 흐르면서 변하기도 합니다. 최근에는 온난화로 인해 평균기온이 상승하고 있습니다.[*]

사람으로 따지면 기온은 순간의 기분이고, 기분들이 모여 만들어진 성격이 바로 기후라고 보면 조금 더 이해가 빠를 겁니다. 온화한 성격의 사람이 갑자기 화를 내는 일은 별로 없지요. 기후는 이처럼 한순간에 바뀌는 것이 아닙니다.

"사람이 갑자기 변하면 죽는다"라는 말을 들어본 적 있나요? 이처럼 "사람의 성격이 바뀌게 되면 죽을 때가 되었다"라는 뜻으로 잘 바뀌지 않거나 일어나지 않는 일들을 말할 때 사용하기도

위키 백과 사전 참조

봄, 여름, 가을, 겨울

합니다. 이를 우리 기후에 대입하면 끔찍하지요. '기후가 갑자기 변하면 죽는다.' 누가 죽을까요? 지구일까요, 인류일까요?

산업혁명 이후 계속해서 기후가 급변하고 있는 현실에 우리가 주목할 필요가 있습니다. 그러나 지구는 크게 빙하기와 간빙기를 반복하며 왔기 때문에 큰 문제가 없다고 하는 사람들도 있습니다. 하지만 기후가 산업혁명 이후 단기간 내에 급속하게 변했음을 알 수 있습니다. 급변의 이유는 탄소 배출에 따른 변화입니다. 하루하루를 비교해 보면 같은 날도 있고 다른 날도 있지만 평균치를 계산하면 온도에 큰 차이가 없어야 합니다. 예전과 대비하여 기온이 1도 오른 것이 지구 자체에 큰 문제가 되지 않는다고 생각할 수 있지만, 1도 차이로 물이 끓을 수 있고, 끓지 않을 수 있다고 생각하면 그 차이는 큽니다. 아울러, 집 안이 바깥 온도보다 1도만 낮아도 얼마나 시원하다고 느끼는지를 생각한다면 1도 차이가 작지 않은 차이임을 느낄 수 있을 것입니다.

부모님이 어릴 때만 해도 대한민국은 온대 국가로 뚜렷한 사계절과 겨울철의 삼한사온(三寒四溫, 3일은 춥고 4일은 따뜻한 날씨)이 있는 살기 좋은 곳이라고 이야기하곤 했어요. 하지만 여러분이 생각하기에 현재 우리나라는 어떠한가요? 봄과 가을은 사라져가고, 뜨거운 여름과 북극한파가 내려오는 겨울에는 살기 힘든 나라가 되었다고 느끼지 않은가요? 이젠 온대 국가가 아닌 아열대 기후와 냉대 기후를 겪는 나라가 되어 간다고 생각되지 않나요? 아울러, 북극에서 우리나라까지 내려온 제트기류에 혹한의 겨울을 보내게 된 것도 바로 기후 변화에 의한 것입니다.

미국의 미래학자 피터 드러커(Peter Ferdinand Drucker)는 "미래를 예측하는 가장 좋은 방법은 미래를 만드는 것이다"라고 이야기했습니다. 다가올 미래의 변화된 기후 상황은 다음과 같은 시나리오로 구성되어 있습니다. 바로 SRES(Special Report on Emission Senarios), RCP(Representative Concentration Pathways), SSP(Shared Socioesconomic Pathways)입니다.

대화의 수준을 끌어올리는 ; 똑똑이 아이템 2

기후 변화 시나리오

1. SRES(Special Report on Emission Senarios)는 배출 시나리오에 관한 특별보고서입니다. 이산화탄소 배출량에 따라 A1, A1F1, A1T, A1B, A2, B1, B2 6가지로 나누었습니다.

2. RCP(Representative Concentration Pathways)는 대표 농도 경로입니다. 하나의 대표적인 복사강제력에 대해 사회·경제 시나리오는 여러 가지가 될 수 있다는 의미에서 '대표(Representative)'라는 표현을 사용하고 있습니다. 온실가스 배출 시나리오의 시에 따른 변경을 강조하기 위해 '경로(Pathways)'라는 의미를 포함하고 있습니다. RCP 8.5/6.0 /4.5/2.6으로 2100년의 기준 이산화탄소 농도를 의미합니다.

3. SSP(Shared Socioesconomic Pathways)는 공통 사회경제 경로입니다. 경제변화를 기준으로 기후 변화에 대한 미래의 완화 및 적응 노력의 정도에 따라 나눈 미래 사회 시나리오입니다. SSP 1-2.6/2-4.5/3-7.0/5-8.5로 4가지 단계로 나뉩니다.

앞에서 언급한 대한민국이 아열대 기후로 변해 간다는 이야기는 단순히 저의 생각만은 아닙니다. A1B 시나리오 자료를 이용한 우리나라 아열대 기후구 전망에 따르면 아열대 기후에 관한

트레와다의 정의*를 적용하여 현재 아열대 기후구와 미래 아열대 기후구의 변화를 전망해 본 결과 현재 우리나라는 제주도를 포함한 남해안 일부 지역(부산, 통영, 거제, 여수, 완도, 목포)에 해당합니다. 그러나 2100년에는 태백산맥과 소백산맥을 중심으로 한 산지 주변을 제외하고는 대부분 아열대 기후에 포함됩니다. 즉, 현재의 온난화가 지속된다면 제주도와 울릉도를 포함한 도서 지역은 물론, 동해안으로는 속초, 서해안으로는 강화에 이르기까지 해안 지역을 모두 포함하여 서울, 인천, 수원 등 대도시 지역도 아열대 기후 지역에 포함되리라 전망하고 있습니다. [권영아, 권원태, 부경온, 최영은. 〈A1B 시나리오 자료를 이용한 우리나라 아열대 기후구 전망〉 대한지리학회지 42.3 (2007): 355-367. 인용]

그러나 대한민국이 아열대 기후로 바뀌어 건기와 우기로 나뉜다고 해서 사람이 살지 못살지는 않을 것입니다. 현재 지구에서 사람이 살지 못하는 지역은 없습니다. 적도부터 북극과 남극에서도 살고 있습니다. 살 수 있는 이유는 간단합니다. 더우면 에어컨을 설치하고 추우면 히터를 설치하고 작동하면 되니까요. 옷도 따뜻하게 입거나 땀이 빨리 건조되는 기능성 옷을 입으면 훨

트레와다의 정의: 가장 추운 달 평균기온이 18도 이하이면서 월 평균기온 10도 이상인 달이 8~12개월, 가장 더운 달 평균기온 22도 이상을 말한다.

씬 변화에 잘 대응할 수 있어요. 냉장고 또는 온장고를 통해 얼음이나 따뜻한 음료를 마실 수도 있지요. 하지만 다른 동식물들은 어떠한가요?

기후 변화를 넘어선 기후 위기 동식물들은 과연 이러한 변화에 잘 적응할 수 있을까요?

대화의 수준을 끌어올리는 ; 똑똑이 아이템 3

기후 티핑 포인트(Tipping point)

어떤 반응이 폭발적으로 늘어나게 되는 지점으로 쉽게 지렛대의 꼭 짓점으로 보면 이해가 조금 더 빠를 것 같습니다. 특히 기후 변화에서 의미하는 티핑 포인트는 자율과 타율의 경계입니다. 조금 더 쉽게 설명하면 티핑 포인트 전까지는 우리가 온실가스 배출을 덜 하면 지구가 알아서 기온이 내려갈 수 있지요. 하지만 티핑 포인트를 넘어가면 우리가 온실가스를 덜 배출하더라도 이미 기존의 배출된 온실가스로 인하여 점점 더워지게 되는 것이랍니다. 마치 입 안의 사탕을 먹을 때 그냥 먹으면 오래 먹을 수 있지만 깨물어 먹으면 단면적이 넓어져 빨리 녹는 것처럼, 얼음도 깨지기 시작해 단면적이 넓어지면 얼마나 더 빨리 녹을지 알 수 없습니다. 문제는 이 티핑 포인트가 얼마 남지 않았다는 겁니다. 현재 많은 과학자는 산업혁명 이전의 기후 온도 대비 1.5도를 티핑 포인트로 보고 있기도 하고, 이보다 더 낮은 1도를 보고 있는 과학자도 있습니다.

파리기후 변화협정(Paris Climate Agreement)

2015년 파리에서 모든 국가가 자국의 상황을 반영하여 자율적인 탄소 배출 감소에 대한 참여 협정입니다. 협약은 지구 평균기온 상승을 산업화 이전 대비 2도보다 상당히 낮은 수준으로 유지하고, 1.5도로 제한하기 위해 노력한다는 전 지구적 장기목표 아래에 모든 국가가 참여하는 것이 목표입니다.

하지만 가장 큰 문제점은 강제가 아닌 자율과 서구 열강들이 기후 변화에 가장 큰 책임이 있는데 책임 있는 보상 문제가 빠져 있습니다. 현재까지의 탄소 배출은 선진국들이 거의 다 배출한 것인데, 지금 와서 위험하니 모든 국가가 다 해야 한다는 것은 억지죠. 선진국의 노블레스 오블리주에 대한 부분이 없는 것이 아쉽습니다.

또한 강제성이 없다 보니 미국의 45대 대통령인 트럼프가 기후 변화 협약 탈퇴를 언급하고 이에 대한 제제가 없었던 것도 사실입니다. 그럼에도 우리는 이 티핑 포인트 이상 기후가 변화하는 것을 막기 위해 노력해야 합니다. 그 숫자를 정확히 아는 사람은 없지만 어떤 임계 온도 점이 있다는 것은 진실이기 때문입니다. 사실 우리 모두 노력하는 자세가 필요합니다.

현상금 50만 원 명태를 찾아라

사진 출처: 강원도청

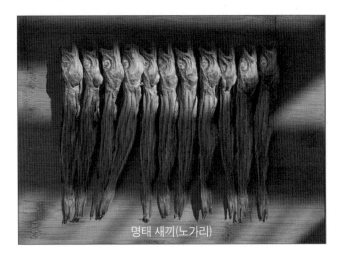

명태 새끼(노가리)

국민 생선인 명태는 별명만 수십 가지입니다. 생태, 북어, 코다리, 동태, 황태, 노가리 등 다양한 이름을 가진 만큼 국민 생선이란 수식어가 낯설지는 않습니다. 하지만 안타깝게도 명태는 이제 러시아산을 먹을 수밖에 없습니다. 국산 명태는 시원한 바다를 찾아 러시아로 떠났기 때문입니다. 동해의 수온 상승으로 명태는 이제 동해에서 살기 힘들어졌습니다. 해양수산부와 국립수산과학원 강원도가 함께 살아 있는 명태를 사례금 50만 원을 걸고 찾았던 이유는 동해안에서 다시 명태가 살게 하기 위함이었습니다.

현재는 국가기관이 중심이 되어 명태 양식을 시작했고, 중간에 실패도 있었지만, 드디어 치어 방류를 하고 다시 살리기 위해 애쓰고 있습니다. 방류된 치어들이 성장하고 있어 2019년부터 2022년 현재까지 국내에서 명태를 잡는 것은 불법입니다. 명태들이 새로운 생태계를 만들 때까지 보호하고 있으니 언젠가는 국내산 명태를 만나게 될 겁니다.

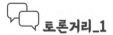
토론거리_1

동해안에 명태가 다시 살길 희망하며, 어떻게 하면 가능할지 토론해 보세요.

식물의 대이동

식물(植物)은 심을 "식"자로 한자리에서 이동하지 않는 것들을 뜻합니다. 반대로 동물(動物)은 움직일 "동"자로 이동하는 것을 말하지요. 이처럼 식물은 한자리에서 이동할 수 없어 기후 위기에도 명태처럼 다른 나라로 이민 갈 수도 없는 형편입니다.

대한민국의 기후가 아열대 기후로 바뀌고 있습니다. 이로 인해 바나나, 망고, 강황, 파파야, 커피, 구아바 등 다양한 작물들을 농가에서 재배하여 수확하고 있습니다. 아열대 과일을 한국산으로 맛볼 수 있게 되었다고 무조건 좋아해야 할까요? 예전부터 재배되던 과수 작물은 나무를 옮겨 심거나 잘라야 할지도 모릅니다.

지역을 이동해야 재배할 수 있는 대표적인 과수 작물은 사과, 포도, 단감 등이 해당합니다. 이 중 사과에 관한 사례를 살펴볼게요.

대구는 대표적인 분지로서 다른 지역에 비해 온도가 높은 편입니다. 이러한 것이 장점이 되어 사과 농사가 잘되었는데요. 이젠 대프리카(대구+아프리카)라는 신조어가 나올 정도로 더운 지역이 되어 사과가 빨갛게 익지 않는 현상들이 발생하고 있습니다. 결국 사과를 재배하던 농가들은 점차 줄어 대구 팔공산 근처(대구보다 서늘한 기후)에서만 재배하게 되었고요. 하지만 이러한 기후 온난화가 계속된다면 더는 대구에서는 사과를 재배할 수 없을 것입니다. 이뿐만 아니라 지구온난화가 계속된다면 2100년에는 대한민국에서 사과를 재배할 수 없다는 예측이 나오고 있습니다. 여기서 다루지 않은 다양한 작물들 또한 기후 변화에 적응할 수 없겠지요. 물론 위기가 기회가 될 수 있을지 모르지만, 온난화를 막기 위해 노력해야 합니다. 국가의 경쟁력에 가장 중요한 것이 바로 먹거리 경쟁이기 때문입니다.

물론 아열대 식물을 키우는 방안도 좋은 방안 중의 하나가 될 수 있다고 생각합니다. 그러나, 이는 근본적인 문제 해결 방안은 아니라 임시방편 중에 하나입니다. 더 좋은 방법 늦기 전에 기후 변화를 함께 막아야 합니다.

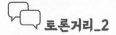

토론거리_2

개발이라는 이유로 숲이 없어지고 있습니다. 숲을 보호하고 아끼지 않는다면 이 악순환이 계속되겠지요? 숲을 보호하는 방안을 주제로 토론해 봅시다.

2
대한민국은
물 부족 국가

물을 물 쓰듯 하면 안 됩니다

어디서 들어봄 직한 말입니다. "물을 물 쓰듯 하면 안 됩니다"
의 뜻은 물을 아끼지 않고 계속 쓰면 물이 부족해진다는 뜻입니
다. 대한민국은 물 부족 국가라는 말 한 번쯤 들어보셨나요?

국제 인구 행동(PAI, Population Action International) 연구소에 따
르면 물 부족 국가 분류는 연간 물 사용 가능량이 1,000m^3 미만은
물 기근 국가(Water Scarcity), 1,000~1,700m^3는 물 부족 국가(Water
Stress), 1,700m^3 이상은 물 풍요 국가(No Stress)로 분류했습니다.

사용 가능한 물은 전체 수자원량(강수량)에서 증발산 같은 손실
을 제외한 것을 말하는데, 한국은 2005년 기준으로 1,453m^3였기

때문에 '물 부족 국가'가 됩니다. [출처: 중앙일보, 한국서 물 부족 못 느낀 이유…석유 180배 되는 양 수입으로]

그러나 이것은 단순히 강수량을 인구밀도 나눈 값으로 물 부족 국가라고 정의한 것은 말이 안 된다며 대한민국은 더는 물 부족 국가가 아니라고 말하는 사람들도 있습니다. 하지만 우리가 편하게 마실 수 있는 물은 충분한가요? 과거 역사 속의 전쟁에서도 물을 활용한 전투들은 많았습니다. 음식은 며칠 굶어도 살 수 있지만 물은 며칠만 못 마시면 위험하기 때문입니다. 그러나 우리 집 수도에서는 물이 원하는 만큼 잘 나오지요?

사실 대한민국은 수도시설이 잘 갖추어져 물을 편하게 사용할 수 있는 나라 중 하나입니다. 하지만 이 물을 아끼고 환경을 보호해서 식수를 마련하지 않으면 우리도 물 때문에 어려움을 겪는 나라가 될 수 있습니다. 한국수자원공사에서는 수돗물은 마셔도 될 만큼 깨끗하다며 '아리수'라는 수돗물을 페트병에 담아 행사 때마다 나누어주고 있습니다. 하지만 우리는 종종 수돗물에 인체에 해로운 성분이 검출되거나 벌레가 나왔다는 기사들을 읽곤 하지요. 하지만 수돗물에 문제가 있기보다는 수도관이 낡아 파손에 의한 불순물이 혼합된 경우들이 대부분입니다. 이러한 일들이 일어나자 사람들은 생수를 사 먹거나 정수기를 설치하고 있습니다. 봉이 김선달을 아시나요? 대동강의 강물을 물장수들에게 돈

받고 팔았던 이야기의 주인공입니다. 이 이야기가 오늘날 다시 회자되는 이유는 '돈을 내고 물을 산다'라는 개념에 있습니다. 지금이 조선시대라면 어느 누가 돈을 내고 물을 산다는 것에 고개를 끄덕였을까요? 하지만 이제 시대가 바뀌었습니다. 이후 환경오염에 대한 경각심이 커지고 건강한 물을 마셔야 한다는 말이 나오면서부터 다양한 페트병에 들어 있는 물들이 나오고 정수기도 팔리게 되었습니다. 여러분들은 이런 현상이 자연스럽게 느껴질지 모르겠지만 아마 30년 전 사람들, 그러니까 지금 할머니 할아버지들은 그냥 수돗물을 먹거나 수돗물을 끓여서 마시는 분들도 많았습니다.

결론은 우리가 마실 물은 우리가 아껴 써야 한다는 것입니다. 대한민국은 삼면이 바다지만 바닷물을 그냥 마실 수는 없습니다. 먹을 수 있는 담수는 빗물과 지하수 및 강물이지요. 우리가

구분	2001년 ~	2005년 ~	2009년 ~	2017년 ~	2020년 ~
디자인					
설명	'서울의 수돗물'로 '01년 최초 출시	'아리수' 특허표창 등록 후 디자인 변경	디자인 개선한 '뉴 병물 아리수'	ISO22000 국제 인증 기념 디자인 변경	무라벨 병물 아리수 출시

출처: 아리수 홈페이지

오염을 시키지 않고 깨끗하게 써야 하는 이유가 무엇인지 확실해졌나요?

눈에 보이지 않는 물 '가상수'

상품을 생산하는 과정에서 사용되는 물의 총량을 가상수(virtual water)라고 합니다. 여기에 상품을 사용, 폐기하는 데 쓰이는 물의 양을 포함한 것이 물발자국입니다. 즉, 물발자국은 원료를 취득하여 제품을 생산하고 유통한 뒤 소비자가 사용하고 폐기하는 전체 과정에서 사용되는 물의 총량을 의미합니다. 물발자국의 수치가 높을수록 사용된 물의 양이 많다고 볼 수 있고, 수치가 낮을수록 사용된 물의 양이 적다고 볼 수 있습니다. 이를 통해 제품의 생산·소비 단계별 물 이용의 효율성을 평가할 수 있으며, 선진국과 저개발국 사이의 물 사용 불균형을 설명할 수 있습니다.

유네스코(UNESCO) 산하의 물·환경 교육기관인 유네스코 IHE (International Institute for Infrastructural Hydraulic and Environmental Engineering)에서는 주요 농산물의 물발자국을 발표하였습니다. 예로 살펴보면 300g짜리 사과 1개의 물 발자국은 210 *l*, 쌀 1kg의 물발자국은 3,400 *l*, 돼지고기 1kg의 물발자국은 4,800 *l* 입니다. [네이버 지식백과, 물발자국 [water footprint] (두산백과) 참조]

물 발자국

이처럼 우리가 사용하는 모든 물건을 만드는 데 물이 필요합니다. 이러한 가상수는 우리가 사용하고 있는 제품에 모두 필요한 상품들을 만드는 데 필요한 물로 사용되다 보니 사람 또는 동식물이 생명을 유지하기 위해 필요한 물이 부족해지기도 합니다.

마트에서 파는 과일 중에 아보카도가 있습니다. 숲속의 버터라는 별명이 있을 정도로 많은 음식에 사용되고 있지요. 샐러드에도 들어가고, 건강식품의 대명사인 슈퍼푸드로 뽑히기도 했습니다. 하지만 아보카도 1개가 생산되는데 물이 320 *l* 가 사용된다는 사실을 아시나요? 국내에서도 2020년 기준으로 아보카도는 1월부터 11월까지의 누적 수입량(1만1,592t)이 이미 전년(8,243t) 및 평년(5,496t)의 연간 수입량을 넘어섰습니다. 아보카도는 멕시코의 작황 호조에 따른 영향으로 11월 수입량이 전년 대비 241% 증가했으며, 12월에도 수입량 증가세는 이어질 것으로 보입니다. [출처 : 농업인신문(http://www.nongupin.co.kr) 수입과일 감소 속에 아보카도 급증(2020.12.18.) 최현식 기자]

가상수의 대표적인 상품에는 청바지도 빼놓을 수 없습니다. 청바지 한 벌을 만드는데 들어가는 물의 양은 11,000 l 입니다. 아마 여러분들이 사용하는 가상수를 한 번 떠올려 본다면 엄청난 양에 깜짝 놀랄 거예요. 대한민국은 세계에서 5위*의 가상수를 수입하는 국가입니다. 이처럼 가상수를 사용하는 물건 또는 과일 등을 수입하지 않고 우리가 직접 물을 이용해서 만들어야 한다면 당연히 물이 부족하겠지요. 그리고 우리가 먹을 수 있는 물은 유한한 자원이니 물을 물 쓰듯 계속 사용한다면 지구 전체의 물 부족은 우리만의 문제로 끝나지 않을 것입니다. 우리가 모두 물을 아껴 쓸 수 있도록 생각하고 노력해야 하겠습니다.

2009년 한국농어촌공사와 한국 물포럼 주최로 열린 '농촌용 물관리 심포지엄'에서 한국 물포럼의 홍일표 박사는 "1997~2001까지 한국은 일본, 이탈리아, 영국, 독일에 이은 세계 5위의 가상수 순 수입국"이라고 발표했다.

대화의 수준을 끌어올리는 ; 똑똑이 아이템 4

엘니뇨 현상, 라니냐 현상

적도에는 연중 일정한 방향으로 무역풍이 붑니다. 적도 북쪽에는 북동무역풍이 불고, 남쪽에는 남동무역풍이 불고 있습니다. 무역풍의 영향을 받은 바닷물의 흐름은 에크만 수송(Ekman transport)*에 의해 북반구에서는 북서쪽으로 해류가 흐르고, 남반구에서는 남서쪽으로 흐르고 있습니다. 따라서 적도를 기준으로 북쪽과 남쪽의 해류가 서로 갈라지듯이 흐르게 되는 현상이 발생합니다. 이때 적도에는 바다 표층수 아래 존재하는 차가운 온도의 바닷물이 위로 올라(용승 현상)가는 현상이 발생하게 됩니다. 그 때문에 오히려 적도 부근의 바닷물은 온도가 더 낮아지는 현상이 발생하게 됩니다. 이런 현상 때문에 적도에는 많은 물고기가 모여 풍부한 어장을 형성하게 됩니다. 북동무역풍과 남동무역풍으로 인해 적도 부근에 있는 따뜻한 바닷물이 서쪽으로 흘러가면 서태평양 바다에는 따뜻한 물이 수증기가 되어 큰 비구름이 발생하고 저기압이 형성되게 됩니다. 그 저기압 때문에 인도양에 있는 고기압의 바람이 유입되어 적도에 부는 무역풍이 약해지게 되는 현상이 발생하게 됩니다. 무역풍이 약해지면 서태평

해양 위에 부는 바람에 의한 해수의 움직임으로 지구의 자전으로 인한 전향력과 마찰력의 균형을 이루어 유도되는 해수의 수송을 말한다.

양의 따뜻한 바닷물이 동쪽으로 이동하여 태평양 적도 인근의 바닷물이 유입됩니다. 이때 깊은 바다에 존재하는 차가운 바닷물이 아래로 밀려나 상승하는 힘이 약해지고 용승 현상이 줄어들게 되며, 페루 연안에서는 바닷물이 따뜻해지는 엘니뇨 현상이 발생하게 됩니다. 이때에는 물고기도 줄어들어 페루의 어부들은 출어를 나가지 않고 축제를 열어 쉬었다고 전해지고 있어요. 그리고 이런 현상이 크리스마스 때 종종 일어났기 때문에 아기 예수를 상징하는 이름인 '엘니뇨(El Niño)'라는 이름으로 불리게 되었습니다.

라니냐(La Niña)는 에스파냐어로 '여자 아이'라는 뜻이며, 주로 엘니뇨 이후에 이어서 발생하는 경우가 많습니다. 일반적으로 적도 부근의 서태평양은 해수면의 온도가 따뜻하고, 동태평양은 상대적으로 더 차갑습니다. 이는 항상 서쪽으로 무역풍이 불어 동태평양의 따뜻한 표층 해수를 서쪽으로 밀어내고, 그 자리를 차가운 심층 해수가 올라와 채우기 때문입니다. 그러나 라니냐가 발생하는 동안에는 무역풍의 세기가 강해지면서 동태평양의 해수면 온도가 평년보다 0.5도 이상 낮아지게 됩니다.

따라서 더 강한 저기압을 보이는 인도네시아, 필리핀 등의 동남아시아와 호주 북부의 강수량이 증가해 홍수가 일어나게 됩니다. 반면, 더 강한 고기압을 보이는 페루 등의 남아메리카에는 가뭄이 일어나게 됩니다. 그리고 북아메리카 지역에는 강추위가 찾아올 수 있습니다. 하지만 이것에 대한 발생 주기나 세기는 일정하지 않습니다.

기후에는 많은 변수가 있어 이러한 현상만으로 모든 이상기후 변화를 설명할 수 없습니다. 그러나 우리는 이러한 현상들을 하나씩 알아가고 이러한 현상을 조금씩 이해하며 대처해야 합니다. 왜냐하면 지구의 이상 현상들은 하나씩 하나씩 풀어가야 할 실타래처럼 서로 연관되어 있습니다. 다시 말하면 엘니뇨는 무역풍이 평상시보다 약할 때 발생하고, 라니냐는 무역풍이 평상시보다 강할 때 발생하는 것입니다. 그러니 엘니뇨가 발생하면 동태평양(페루 지역)의 해수면 온도가 올라가고 서태평양(인도, 필리핀, 호주 지역)의 해수면 온도는 내려가고, 라니냐는 동태평양(페루 지역)의 해수면 온도가 내려가고, 서태평양(인도, 필리핀, 호주 지역)의 해수면 온도가 올라갑니다. 두 가지 모두 이상기후의 현상이고, 우리는 이러한 현상들을 알아내어 앞으로 지구의 각종 현상이 어떻게 연결되는지 알아야 하는 것이지요.

데이 제로(Day Zero)

데이 제로는 도시 전역의 급수를 전면 차단하는 것입니다. 물 부족이 현실로 나타나는 것이지요. 대표적인 사례 중 하나가 바로 남아프리카공화국 제2의 도시 케이프타운에서 벌어졌습니다. 100년 만에 찾아온 최악의 가뭄으로 데이 제로(Day Zero)를 향한 카운트다운을 시작한 게 2018년 4월입니다. 데이 제로를 하루라도 늦추려면 1인당 샤워는 2분 이내에 마쳐야 하고 화장실은 그레이 워터(이미 한번 사용한 물)를 사용하며 소변은 물을 내리지 않아야 하며 잔디나 화초에 물을 주지 말아야 하는 등 다양한 노력을 해야 합니다.

때마침 비오는 날에 사람들이 통이란 통에 빗물을 받은 덕분에 데이 제로는 해제되었습니다만, 2020년 또다시 데이 제로 공포가 찾아왔습니다. 하지만 이러한 데이 제로는 케이프타운만의 문제는 아닙니다. 언제 어떻게 어디서 일어날지 아무도 모릅니다. 지금부터 물을 절약하지 않으면 누구라도 겪을 수 있습니다. 물을 소중하게 아껴 쓰는 습관을 가지는 것이 중요합니다.

대화의 수준을 끌어올리는 ; 똑똑이 아이템 5

물인권이란?

인권이란 사람이라면 누구나 태어나면서 가지는 권리를 이야기합니다. 그렇다면 물인권은 무엇일까요? 2010년 UN은 깨끗한 식수와 화장실을 사용할 권리를 인간의 기본권이라고 선언하면서 다음과 같은 기준을 제시했습니다.

1. 하루에 1인당 50~100ℓ의 물을 확보할 수 있어야 한다.

2. 이 물은 안전하고 깨끗하며 저렴해야 한다.

3. 물을 사는 데 드는 비용은 가구 소득의 3%를 넘어서는 안 된다.

4. 물이 나오는 곳이 집에서 너무 멀어서도 안 된다.

5. 수원은 집에서 1km 이내에 있어야 한다.

6. 물을 뜨러 다녀오는 시간은 하루 30분을 초과해선 안 된다.

만약 이 기준에 못 미치면 질병과 죽음에 노출될 수밖에 없습니다. 세계에서 설사병으로 숨지는 사람 중 88%가 더러운 물과 화장실 탓에 병을 얻습니다. 특히 면역력이 약한 5세 이하 영·유아의 경우 에이즈와 말라리아, 홍역 사망자를 모두 합한 것보다 설사병으로 숨지는 숫자가 더 많습니다. 전 세계에 물은 많습니다. 하지만 물의 97%는 바다에 염수로 존재하고 있으며 2%는 남극과 북극의 얼음으로 존재하고 있습니다. 우리가 사용 가능한 담수 1% 중 대부분은 땅속에 지하수 형태입니다. 남은 물도 우리가 먹는 식수로 사용하는 것이 아니라 동식물이 함께 먹어야 하며 그보다 더 큰 비중은 산업용으로 사용합니다. 왜 물을 소중히 여겨야 할지 이해 가시나요? 개발 위주의 삶에 의해 생태계를 번성시키고 증가하는 사람들에게 물을 공급하는 시스템이 필요한 시점입니다. 강, 호수 및 대수층이 말라 버리거나 사용하기에 너무 오염되고 있습니다. 세계 습지의 절반 이상이 사라졌습니다. 농업은 다른 어떤 공급원보다 더 많은 물을 소비하고 비효율성을 통해 그중 많은 부분을 낭비합니다. 낭비하는 것에는 우리가 무심코 버리는 물 외에도 이미 물을 사용해서 생산된 물건들을 쉽게 버리는 행동도 포함됩니다. 집에서 편하게 쓰는 수돗물이 집까지 오는 수도 관에서 누수되는 것도 무시할 수 없습니다. 기후 변화는 전 세계의 날씨와 물의 패턴을 변화시켜 일부 지역에는 부족과 가뭄을, 다른 지역에는 홍수를 일으키고 있습니다. 지금부터 나를 위해 지구를 위해 물 절약을 실천해야 합니다.

3

대한민국은
기후악당 국가

배달에 필요한 탄소발자국

앞에서 언급한 물발자국의 의미를 알았으면 탄소발자국도 쉽게 이해될 겁니다. 탄소발자국이란 개인 또는 기업, 국가 등의 단체가 활동이나 상품을 생산하고 소비하는 전체 과정을 통해 발생시키는 온실가스, 특히 이산화탄소의 총량을 의미합니다. 탄소발자국의 표시는 무게 단위인 kg 또는 실제 광합성을 통해 감소시킬 수 있는 이산화탄소의 양을 나무의 수로 환산하여 표시합니다. 친환경 기업에 대한 우호적인 인식이 증가함에 따라 영국, 캐나다, 미국, 스웨덴 등에서 적극적으로 시행 중이며, 한국에서도 2009년부터 제품의 제작과정부터 유통과정에 걸쳐 발생하는 이산화탄소 배출량을 제품에 표기하여 소비자들에게 제공하고 있습니다. [네이버 지식백과, 탄소발자국 [Carbon footprint] (두산백과) 참조]

〈탄소 절감〉

즉 우리가 마시는 물도 탄소발자국이 있는 것이지요. 왜냐하면 제주도에서 생산된 물이 우리 동네 가게 또는 마트까지 운송되어야 하기 때문입니다. 그렇다면 해외에 있는 것을 수입하고 배달해서 먹는데 필요한 탄소발자국은 과연 얼마나 될까요? 생각을 깊게 하지 않아도 숫자가 크겠지요? 그렇다면 우리가 내는 배달비가 무료거나 2,500원이라고 하더라도, 우리가 배달해서 먹고 택배로 물건을 받는 값이 단지 2,500원이라고 생각하면 안 되겠습니다. 물건을 배송하는 데 이산화탄소가 발생하고 이로 인해 지구온난화가 발생한다고 생각하면 우리가 무엇을 해야 할지 잘 알겠지요. 가까운 거리는 걸어 다니고 배달보다는 직접 가서 사서 먹고 자전거나 전기자동차 등을 활용하는 것도 좋겠습니다.

푸드 마일리지(Food Mileage)

푸드 마일리지는 생산자 손을 떠나 소비자 식탁에 오르기까지의 이동 거리를 뜻하며, 푸드 마일리지는 곡물과 축산물, 수산물 등 아홉 개 수입 품목을 대상으로 생산지에서 소비지까지 식품 수송량(톤)에 수송 거리(킬로미터)를 곱해 계산합니다. 푸드 마일리지는 식재료가 생산, 운송, 소비되는 과정에서 발생하는 환경 부담의 정도를 나타내는 지표로 사용되며 1994년 영국 환경운동가 팀 랭(Tim Lang)이 만들었습니다. 푸드 마일리지가 크면 클수록 먼 지역에서 수입한 식품을 더 많이 먹고 있다는 것을 뜻합니다. 푸드 마일리지가 증가한다는 것은 두 가지 의미를 담고 있습니다.

첫째, 푸드 마일리지가 높은 식품은 신선도를 유지하기 위해 살충제나 방부제를 사용하는 경우가 많으므로 식품의 안정성이 떨어집니다.

둘째, 장거리 운송을 해야 하는 관계로 이산화탄소를 많이 배출해 지구온난화 및 기후 변화를 일으키게 됩니다.

안타깝게도 한국의 푸드 마일리지는 갈수록 커지고 있습니다. 2012년 5월 환경부 국립환경과학원이 발표한 자료를 보면, 2010년 우리나라 국민 1인당 푸드 마일리지는 7,085톤킬로미터로 2001년(5,172톤킬로미터)보다 37% 상승했습니다. 이는 조사 대상국인 한국, 일본, 영국, 프랑스 중 가장 높은 수치로, 739톤킬로미터를 기록한 프랑스의 약 10배입니다. 일본, 영국, 프랑스는 모두 2003년보다 푸드 마일리지가 줄어들었지만, 우리나라의 푸드 마일리지는 계속해서 증가하고 있는 것으로 나타났습니다. 한국인의 밥상을 수입 식품이 점령했다는 우려가 사실이 된 셈이죠. 불과 10년 사이에 한국의 푸드 마일리지가 많이 증가한 이유로 전체 푸드 마일리지의 절반 이상을 차지하는 곡물 품목 가운데 상대적으로 원거리에서 오는 미국산 곡물 수입량이 2001년 약 480만 톤에서 2010년 884만 톤으로 두 배 가까이 증가했다는 점이 이유가 되곤 합니다. 또 농축수산물 수입 자유화와 한-칠레 자유무역협정(FTA) 체결 등으로 먼 거리에서 수송되는 수입 식품의 가격 경쟁력이 상대적으로 높아졌다는 점도 꼽히고요.

　가요 중에 제목이 신토불이라는 곡이 있습니다. 먹을거리가 신토불이라는 말과 뜻은 몸과 태어난 땅은 하나이므로 같은 땅에서 산출된 것이라야 체질에 잘 맞는다는 것을 의미합니다. 이는 《동의보감》의 약식동원론(藥食同源論)에서 나온 말인데요. 하지만 요즘에는 국산품을 애용하자는 뜻으로 많이 사용하고 있습니다. 탄소발자국과 푸드 마일리지를 알게 되었다면 왜 우리 동네 마을 지역에서 생산된 물건을 사용해야 하는지 깨달음이 오지 않나요? 또한 신토불이(身土不二)라는 동의보감의 이야기처럼 우리 체질에 맞는 음식들을 먹어야 더 건강해지지 않을까요? 요즘은 지자체에서도 로컬푸드 매장을 활용하여 지역농산물 홍보와 판매를 하고 있습니다. 지역도 살리고 내 몸도 살리기 위해 지역농산물을 이용하면 좋겠습니다. 탄소발자국을 줄이기 위해서, 또 지구온난화를 막기 위해서라면 국산 지역농산물을 소비해야 하는 이유로 충분하지 않을까요? 실천은 여러분의 몫입니다. 수입농산물도 좋지만, 우리 농산물을 더 많이 사 먹어야 할 이유가 생겼지요?

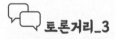

토론거리_3

값싼 다른 지역 물건과 조금 비싸도 탄소발자국이 적은 제품 어떤 제품을 선택해야 할지 친구들과 토론해 보세요.

— 2장 —

기후 변화를
늦추기 위한 노력

1장에서는 기후 변화를 늦추기 위한 노력을 살펴보았습니다. 기후 변화를 위해 개인과 단체에서 다양하게 노력하고 있습니다. 이 노력은 이미 시작되었고 지금도 진행 중이기도 합니다. 하지만 이를 밖으로 드러내고 실천하는 사람들은 아직도 부족합니다. 2장에서는 기후 변화를 넘어 기후 위기가 되지 않도록 노력하는 분들을 알아보겠습니다.

1

그레타 툰베리

툰베리의 등장

그레타 툰베리는 스웨덴의 환경운동가입니다. 환경운동에 관해 공부하면 할수록 기후 변화의 심각성을 깨닫고 환경운동을 시작하게 되었습니다. 툰베리는 2018년 9월부터 금요일마다 지구 환경 파괴에 침묵하고 기후 변화 대응에 적극적이지 않은 주류 정치인들과 어른들에게 반항하는 의미에서 등교를 거부했고, 이를 트위터에 올려 청소년층에게 큰 파장을 불러일으켰습니다. 이 행동이 서구권에서 논쟁거리가 된 것을 계기로 2018년 12월 폴란드 카토비체에서 열린 제24차 유엔기후 변화협약 당사국 총회(COP24)에 참가해 환경변화 대책에 미온적인 정치인들을 공개적으로 비판하여 세계적으로 주목받게 되었습니다.

특히, "당신들은 자녀를 가장 사랑한다고 말하지만, 기후 변화에 적극적으로 대처하지 않는 모습으로 자녀들의 미래를 훔치고 있다."라는 발언이 리버럴 사이드와 환경 보호 단체에 크게 호응을 얻었습니다. 하지만 러시아 블라디미르 푸틴 대통령은 이 발언에 대해 "누구도 툰베리에게 세상이 얼마나 복잡한지 말해주지 않은 듯싶다. 아시아, 아프리카의 가난한 사람들도 스웨덴 사람들만큼 부유해지고 싶어 하는데, 태양광 발전을 통해 그게 가능하다고 보는가?"라는 회의적 견해를 밝혔고, 미국 도널드 트럼프

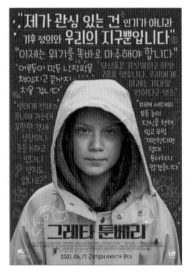

〈영화 그레타 툰베리 포스터〉

대통령 역시 "밝고 훌륭한 미래를 기원하는 행복한 소녀 같군요."라는 평가를 남기기도 했습니다.

툰베리는 2019년 2월 15일을 기점으로 125개국 2천여 도시에서 적극적인 기후 변화 대응을 촉구하는 학생 주최 시위인 '기후를 위한 학교 파업 시위(School strike for climate)'를 주도하였습니다.

또한 유엔본부에서 열린 기후 행동 정상회의에서 또 각국 정상들을 질타했습니다. 제25차 유엔기후 변화협약 당사국 총회(COP25) 참석을 위해 마드리드로 가기 위해 범선을 타고 포르투갈 리스본에 도착하기도 하였습니다. 비행기는 환경 파괴 및 탄소 배출이 많기 때문입니다. 2019년에는 〈타임스〉의 올해의 인물로 선발되기도 하였으며, 노벨평화상 후보로도 거론되었습니다. 이후 포브스가 선정한 2019년 올해의 여성 100위에 올랐으며, 〈네이처〉 저널의 2019년의 인물 10인에 선정됐습니다. 이후 2021년에는 그레타 툰베리가 직접 출연하는 다큐멘터리 영화가 상영되기도 하였습니다.

기후를 위한 학교 파업

기후를 위한 학교 파업(Skolstrejk för klimatet)은, 미래를 위한 금요일(FFF), 기후 파업 또는 기후 청소년 파업으로 다양하게 알려진 기후 변화와 화석 연료 산업에 대한 정치 지도자의 행동을 요구하는 시위에 참여하기 위해 금요일 수업을 건너뛰는 학교 학생들의 국제 운동입니다. 이 모든 출발은 그레타 툰베리가 시작했습니다. 홍보와 광범위한 조직은 스웨덴 학생 그레타 툰베리가 2018년 8월 스웨덴 릭스다그(의회) 밖에서 시위를 벌인 후 "스콜스트레크 퓌르 클리메이트"(기후를 위한 학교 파업)라고 적힌 피켓을 들고 시위를 벌인 후 시작되었습니다. 2019년 3월 15일 전 세계 파업으로 125개국에서 2,200건의 파업으로 100만 명 이상의 스트라이커가 모였지요. 2019년 5월 24일, 두 번째 글로벌 파업에서 150개국에서 1,600건의 행사가 수십만 명의 시위대를 끌어들였습니다. 2019년 글로벌 퓨처 위크는 9월 20일 금요일과 9월 27일 금요일을 중심으로 150개국 이상에서 4,500건의 파업을 기록했습니다. 세계 역사상 가장 큰 기후 공격일 가능성이 큰 9월 20일 파업에는 약 400만 명의 시위대가 모였고, 그중 상당수는 독일에서 140만 명을 포함한 학생들이었습니다. 9월 27일, 이탈리아에서 100만 명이 넘는 시위대와 캐나다에서 수십만 명의 시위대가 시위에 참여한 것으로 추산됩니다.

단 한 명의 학생이 시작한 기후를 위한 학교 결석 행동이 이처럼 커질 줄 아무도 예측하지 못했습니다. 하지만 그레타 툰베리는 이 파업 이전에 환경 공부를 많이 했었고, 이를 통해 기후 위기의 심각성을 알고 있었습니다. 어른들에게 이를 이야기하였지만 전달은 어려웠습니다. 이로 인해 우울증을 앓았고, 아스퍼거 증후군을 진단받기도 하였습니다.

예전부터 과학자들의 이야기는 엄밀하기는 해도 난해해서 잘 와닿지 않는 경우가 많았습니다. 과학자들은 과학적 사실에 대해 잘못된 정보를 전달하지 않도록 매우 조심스럽기에, 확실하다는 근거와 숫자 없이 이야기하지 않습니다. 우리가 그 뜻을 이해하기 어려운 이유는 보통 사람들이 사용하는 언어와는 많이 다르기 때문입니다. 과학자들은 기후 위기가 정말로 눈앞에 닥친 심각한 문제라고 합의를 보았지만, 그것을 알리는 데에는 덜 열성적이었거나 적어도 대중의 언어로 알리는 데에 능숙하지 않았습니다.

이 문제를 해결해낸 사람이 바로 그레타 툰베리입니다. 그는 기후 위기를 사람들에게 알리는 데에 성공했습니다. 당면한 환경 문제를 시급히 해결해야 한다고 선언은 했지만 알리기 힘들어했던 과학자들에게 가장 필요한 것이었습니다. 잘못 알려진 것처럼 툰베리가 환경과학자들보다 과장된 주장을 하는 것도 아닙니다. 전 세계 기후학자들 모두 입을 모아 기후 위기에 대응할 수 있는 시간이 인류에게 10년밖에 남지 않았다고 말합니다. 그렇기에 툰베리도 강경한 주장을 할 수밖에 없었던 것이지요.

대화의 수준을 끌어올리는 ; 똑똑이 아이템 6

TED를 아시나요?

TED(Technology, Entertainment, Design)는 미국의 비영리 재단에서 운영하는 강연회입니다. 정기적으로 기술, 오락, 디자인 등과 관련된 강연회를 개최하고 있습니다. 최근에는 과학에서 국제적인 이슈까지 다양한 분야와 관련된 강연회를 개최하고 있습니다. 강연회에서의 강연은 대개 18분 이내에 이루어집니다. 이 강연 하나하나를 'TED TALKS'라고 부르며, "알릴 가치가 있는 아이디어(Ideas worth spreading)"가 이들의 모토입니다.

이런 TED에 만 16세의 그레타 툰베리가 서게 됩니다. 행동을 부르는 열정적인 연설 속에서 기후 운동가 그레타 툰베리는 2018년 8월 학교를 그만두고, 지구온난화에 대한 의식을 고취하는 파업을 꾸린 이유에 관해 설명합니다. 툰베리는 말합니다. "기후 위기는 이미 해결되었어요. 우리는 이미 알아야 할 모든 사실과 해결책을 갖고 있습니다. 우리에게 남은 건 정신 차리고, 변화하는 일뿐입니다." 정리하자면 아래와 같습니다.

1. 기후 변화는 인류에게 존재론적 위협이며 이로 인해 인류는 여섯 번째 대종말을 맞이하고 있다. 생존은 회색 지대가 존재하지 않는 죽느냐 사느냐의 영역이다. 현대 문명의 존속 여부와는 상관없이 기후

변화는 저지되어야만 한다.

2. 전 세계의 제도권 언론과 각계의 사회지도층들은 이에 대해 함구하고 있으며, 학계에서의 연구는 이들에 의해 의도적으로 무시되고 있다.

3. 학교 제도는 이를 해결하는 데 대체로 무의미하다. 이대로라면 인류는 대멸종을 맞이하며, 그렇기에 사람들은 현재의 사회와 그 제도를 적극적으로 거부하고 이를 급진적으로 변혁하기 위해 행동해야 한다.

4. 개발도상국들이 도로, 학교, 병원, 식수, 전기 같은 인프라를 갖췄을 때 생겨날 탄소 배출을 만회하기 위해 선진국들은 2018년을 기준으로 6~12년 이내에 탄소 배출을 완전히 중단해야만 한다.

5. UN이 제시하는 산업혁명 이전 대비 기후 변화 한계치를 기존에 국제 사회가 합의한 2℃ 기준을 전면 폐기하고 1.5℃로 재설정해야 한다.

6. 세계 주요국들은 탄소 배출을 중단하기 위해 파리 기후 협약을 준수하고, 그 밖에도 기후 변화를 막기 위해 전 세계적인 공조가 필요하다.

7. 석탄, 석유, 천연가스 등의 화석 연료 사용을 법률적으로 금지해야 하며 탄소 배출 규제를 대폭 강화해야 한다.

(※ 더 자세한 내용이 궁금한 독자분들은 TED 홈페이지에서 확인하실 수 있습니다.)

2
지구를 지키는 단체들

그린피스

세계에서 가장 유명한 환경 보호단체로, 전 세계적인 환경 파괴의 경각심을 알리고 환경 보호를 위해서 활동하여 환경 보호에 관심을 환기하는 데 큰 역할을 했다는 평가를 받고 있습니다. 뉴스의 해외토픽 내지는 국제뉴스난에 불법 고래잡이 적발이나, 북극 환경 보호 등의 뉴스로 종종 등장하는 환경단체입니다. 그린피스는 글로벌 환경단체로써 한 지역에 머무르지 않고 전 세계에 걸쳐서 환경을 보호하는 데 노력하고 있습니다. 그린피스는 지구 환경 보호를 위해 다양한 프로젝트를 실행하고 있는데, 그중 기후 변화와 관련된 몇 가지를 소개하면 다음과 같습니다.

첫째, 생물다양성 프로젝트입니다.

멀게만 느껴졌던 기후 위기, 이제 우리 눈앞으로 다가왔습니다. 생물다양성 캠페인은 급격한 기후 변화로 파괴되는 토종 생태계, 농업, 어업의 상황을 전하며 기후 위기의 심각성을 알리는 캠페인입니다. 한반도의 기온 상승률은 세계 평균보다 약 2배 이상 높습니다. 계절마다 변화가 뚜렷했던 한반도의 기후가 고온 다습한 열대 기후로 변해 외래 병해충이 확산되고 있습니다. 이 병해충들은 매년 사과, 고추 등 한국인이 즐겨 먹던 다양한 농작물을 병들게 해, 한국의 식량 안보를 위협하고 있습니다. 그 결과 한국의 식량자급률은 10년 동안 10% 이상 하락해, 2021년 기준 45.8%를 기록해 역대 최저치를 기록했습니다. 오늘날 한국은 세계 5위의 식량 수입국이 되었습니다. 기후 변화는 한국 농작물뿐 아니라 생태계도 위협합니다. 국내에 어떠한 생물 종이 있으며, 어떤 의학적, 경제적 가치와 생태적 중요성이 있는지도 파악하지 못한 채, 한국 동식물들은 급격한 기후 변화에 사라지고 있습니다. 반면 고온다습한 환경에서 말라리아, 뎅기열 등 열대 모기 매개 감염병이 급증해, 우리의 일상을 파괴하고 있습니다. 봄이 한창이어야 할 4월에 한파주의보가 발령되고, 2021년 역대 최악의 폭염으로 각종 병해충이 발생해 농업생산량은 급락하고 있습니다. 이게 끝이 아닙니다. 지구 평균기온이 산업혁명 이전보다 섭씨 1.5도가 오르면 지금보다 더 심각한 환경 재앙이 닥칠 것으로 예상됩니다. 이를 막기 위해서는 2030년까지 2017년 대비 50% 이상의 탄소 배출량을 감축해야 합니다. 하지만 정부의 탄소 감축 목표는 24.4%에 불과하며, 기후 변화의 가장 큰 피해자인 농민들을 위한 근본 대책은 부재한 상황입니다. 이에 그린피스는 농민이 안정적인 농업 활동을 할 수 있는 근본 대책을 요구하는 한편, 국내 생태계 붕괴와 감염병 확산을 막기 위해 2030년까지 탄소 감축 목표를 2017년 대비 50% 이상으로 감축할 것을 요구하고 있습니다.

둘째는 기후참정권 프로젝트입니다.

기후참정권 캠페인이란 시민들이 기후 위기로 위협받는 자신들의 생존권과 삶의 다양한 가치(경제, 복지, 공정, 민주주의 등)에 대해 국가와 정치권이 정책 대안을 제시하도록 요구하는 캠페인입니다. 기후 문제가 전 세계 경제를 크게 위협하고 있다는 사실을 알고 있나요? 세계경제포럼은 회계 · 컨설팅 업체 프라이스워터하우스쿠퍼스(PwC) 영국과 공동으로 작성한 보고서에서 전 세계 GDP의 절반 이상에 상당하는 44조 달러어치의 경제적 가치 창출 활동이 '자연과 자연이 제공하는 서비스에 적당히 또는 크게 의존하고 있으며, 따라서 자연 손실에 노출된 것'으로 파악됐다고 밝혔습니다. 세계경제포럼(WEF)은 또 지난 4년간(2017~2020년) 기후 위기를 가장 큰 글로벌 리스크로 꼽아 왔습니다.

셋째, 내연기관 이제 그만 프로젝트입니다.

전 세계 자동차 제조사에 석유와 가스로 움직이는 내연기관차 (디젤, 휘발유, 하이브리드) 대신 재생가능에너지로 달릴 수 있는 전기차로의 생산 및 판매 전환을 요구하는 프로젝트입니다. 아울러 친환경 차량을 주축으로 하는 차량 공유 서비스 등 사업 모델 다각화를 통해 모빌리티 서비스 제공자로서 기후 위기와 대기오염에 대응하는 기업의 책임을 다해달라고 요구합니다.

'자동차 제조사 온실가스 배출량 세계 5위' 현대 · 기아차가 가진 불명예스러운 타이틀입니다. 2018년 한 해 동안 현대 · 기아차가 판매한 차량에서 배출된 이산화탄소는 4억 100만 톤에 이릅니다. 이는 우리나라가 한 해 동안 배출하는 이산화탄소의 70%에 맞먹는 양입니다. 현대 · 기아차는 전기차 모델을 늘려 전동화를 확대한다고 하지만 여전히 내연기관차에 더 많이 돈을 집어넣고 있습니다. 기후 위기에 대응하기에는 역부족인 수준입니다.

자동차를 되돌아봅시다. 오늘날 우리가 타는 자동차는 석유로 굴러갑니다. 하지만 이 화석 연료는 온실가스를 내뿜어 지구의 온도를 높이고, 채굴 과정에서 해양 생물의 터전을 오염시키고 파괴합니다. 자동차 업계는 석유와 엔진으로 쌓은 성을 쉽게 포기하려 들지 않습니다. 지금, 이 순간에도 내연기관차는 생산되고 폭염, 혹한, 생태계 파괴와 교란, 식량난으로 이어지는 기후 위기를 가속합니다. 반면, 현실의 문제점을 빠르게 받아들인 유럽, 중국 등의 정부와 기업들은 내연기관차를 퇴출하는 절차를 밟고 있습니다. 전기차로의 전면적인 전환 없이는 우리는 환경도, 경제도 살릴 수 없습니다. 이제 우리 자동차 제조사와 정부가 모두를 살리기 위한 결정을 내릴 때입니다.

넷째, 기업 100% 재생에너지 전환 프로젝트입니다.

기후 위기에 대응하기 위해서는 재생에너지로의 전환이 시급합니다. 재생에너지는 온실가스를 배출하지 않는 친환경 에너지원이기 때문입니다. 기업은 우리나라 전체 전력의 절반 이상을 소비하고 있습니다. 화석 연료 전력에 기반한 기업 운영은 더 살아남을 수 없습니다. 그린피스는 기업이 100% 재생에너지로 전환하도록 정부와 기업에 요구하고 있습니다. 화석 연료에 기반한 전력을 대량 소비하는 기업은 막대한 양의 온실가스를 배출하고 있습니다. 지금과 같은 속도와 양으로 온실가스가 배출된다면 한반도는 머지않아 아열대 기후로 바뀔 것이고, 연안 도시는 물에 잠길 것으로 예측됩니다. 기업은 기후 위기에 책임을 지고 서둘러 재생에너지로 전환해야 합니다. 주요 경제 선진국들은 이산화탄소 배출량을 0으로 만드는 '탄소제로' 경제 체제로의 전환에 동참하고 있습니다. 한국에서 기업은 재생에너지를 살 수 없어 이러한 변화에 선제적으로 대응하기 어렵습니다. 기업이 재생에너지를 직접 확보할 수 있는 법과 제도가 필요합니다.

다섯째, 위험한 석탄 투자 프로젝트입니다.

정부가 기후 변화를 악화시키는 석탄발전소 해외 투자를 중단할 것을 요구합니다. 석탄발전소의 평균 수명은 30년입니다. 한번 지어진 석탄발전소는 계속해서 지구의 기온을 높이고 주민들의 건강을 해칩니다. 그린피스는 정부가 이 위험한 투자 중단으로 '기후 악당' 타이틀을 벗고, '기후 리더십'을 보일 것을 요구하고 있습니다. 한국은 전 세계에서 세 번째로 해외 석탄발전소에 많이 투자하는 국가입니다. 석탄은 대기오염과 지구온난화의 주범입니다. 전 세계가 힘을 합쳐 석탄 투자를 중단하고자 노력하고 있지만, 한국은 지난 10년간 약 11조 원의 공적 금융을 해외 석탄발전소에 지원해 해외 석탄발전소 투자 세계 3위 국가가 됐습니다. 한국이 신규 투자 사업지로 고려하는 인도네시아 수랄라야는 동남아시아에서 대기오염이 가장 심각한 지역입니다. 또한 더 많은 발전소가 필요한 상황도 아닙니다. 그런데도 석탄 사업자들은 이윤만을 추구하며 불필요한 발전소로 지어 지역 주민들에게 고통을 주려고 합니다.

이와 같은 프로젝트를 보며 그린피스가 하는 일이 어떤 것이고, 무엇을 하는지 잘 알겠지요. 사실 이외에도 다양한 프로젝트가 있습니다. 자세한 내용은 그린피스 홈페이지(https://www.greenpeace.org/korea/)를 확인할 수 있습니다.

세계자연기금

세계자연기금(WWF)은 세계적인 비영리 환경보전 기관으로, 세계 100여 개국에서 글로벌 네트워크를 구축해 500만 명 이상의 후원자들과 함께 활발히 활동하고 있습니다. 1961년 스위스에서 설립되었으며 세계자연기금 국제본부(WWF-International)은 스위스 글랑에 있습니다. 세계자연기금은 푸른 별 지구의 자연환경을 보전하고 인간이 자연과 조화롭게 살아가는 미래를 만들고자 하는 단체입니다. 이를 위해, 생물다양성을 보전하고 재생 가능한 자연 자원의 이용을 지속 가능한 방식으로 유도하며, 환경오염 및 불필요한 소비 절감에 대한 의식을 고취하는 데 힘쓰고 있습니다. 한국에서도 지난 10년간 환경보전 활동을 해왔으며, 2014년에 공식적으로 세계자연기금 한국본부(WWF-Korea)가 설립되었습니다.

WWF는 지구상의 다양한 생명체와 이들이 서식하는 아름다운 자연환경을 보전하는 일을 하고 있습니다. 이와 함께 인류가 동식물과 자연환경에 미치는 영향을 줄이는 데 힘쓰고 있습니다. WWF는 설립 후 전 세계 100여 개 국가에서 1만 3,000여 개 환경 프로젝트에 100억 달러 가까이 투자했으며, 지금도 한 번에 약 1,300개의 프로젝트를 수행하고 있습니다.

세계자연기금은 멸종위기종 보전과 생태발자국 줄이기 및 Earth Hour, Our Planet의 캠페인 활동을 진행하고 있습니다.

WWF의 하나뿐인 지구를 위한 중점사업 중 하나가 바로 '생태발자국 프로젝트'인데요, 생태발자국을 측정하고, 이를 바탕으로 한 다양한 캠페인과 보전 활동을 펼치고 있습니다. WWF의 모든 활동 중심축이라고 할 수 있는 생태발자국에 대해 알아볼까요?

생태발자국(Footprint)은 자연 자원과 서비스에 대한 인류의 수요를 추산한 것으로, 자연 자원과 서비스의 공급을 추산한 생태용량과 함께, 우리 인류가 지속 가능한지에 대해 알 수 있는 중요한 지표입니다. 지구도 자원을 생산할 수 있는 한도가 있다는 사실을 아시나요? 생태용량 초과는 나무가 성장하기 전에 너무 어린 상태에서 벌목하고, 바다에 수자원이 다시 채워지는 속도에 비해 지나치게 많은 양의 어획을 하고, 숲과 바다가 흡수할 수 있는 양보다 더 많은 양의 이산화탄소를 배출하기 때문에 발생합니다. GFN(국제생태발자국네트워크)에 의하면 2017년 8월 2일, 인류는 올해에 사용할 수 있는, 재생 가능한 자연의 예산을 전부 소모했습니다. 즉, 우리는 12개월치 자연 자원을 약 8개월이 조금 넘는 시간 안에 전부 사용하게 되는 것입니다. 남은 5개월 동안, 우리는 미래의 자원을 빌려 쓰고, 이산화탄소를 공기에 축적해가며 생태 적자를 메꾸게 됩니다. 현재 전 세계가 소비하는 자원의 수요를 충당하기 위해서는 평균 1.7개분의 지구가 필요하며, 한국의 경우는 그 두 배를 넘어서는 3.4개에 해당합니다. 그리고 우리나라 사람들의 자원 소비 방식을 충족시키기 위해서는 8.8개의 한국이 필요합니다.

그렇다면 우리가 할 수 있는 일은 무엇일까요? 자원의 한계 내에서도 활기차고 풍요로운 미래를 창조하는 일은 얼마든지 가능합니다. 각자 개인은 소비자로서 더 나은 생활방식을 선택하고, 기업은 생산자로서 지속가능성을 고려함으로써 단 하나뿐인 지구의 자연 자원 내에서 번영하는 사회를 만들어나갈 수 있습니다. 재생 가능한 자연 자원 내에서 경제성장이 이루어지도록 생각과 방식 전환하기 위해서 노력해야 합니다. 정부, 기업, 학계, 시민 모두가 각자의 자리에서 지속가능한 발전으로의 해결책을 찾을 수 있도록 생각을 전환한다면, 하나뿐인 지구의 방식으로 사람과 자연이 조화를 이루는 미래를 만들어갈 수 있습니다. 올해에는 더 나아졌을까요? 2021년에는 7월 29일 이후로 더 하락하게 되었습니다. EARTH OVERSHOOT DAY(https://www. overshootday.org/)에 접속하면 각종 뉴스와 새로운 자료를 살펴볼 수 있습니다.

대화의 수준을 끌어올리는 ; 똑똑이 아이템 7

지구 생태용량 초과의 날(Earth Overshoot Day)은 지구가 한 해 재생할 수 있는 자원보다 인간이 소비하는 수요가 초과하는 시점입니다. 2021년에는 그 시점이 7월 29일이며, 1970년 최초 생태 용량 초과를 조사한 이후 매년 그 날짜가 앞당겨졌고, 이는 인간의 활동이 자연에 가하는 전례 없는 압박을 상징합니다. 지구 생태용량 초과의 날은 어떻게 지정될까요? 지구 생태용량 초과의 날은 GFN(국제생태발자국네트워크)이 관련 연구를 진행하고, 새로운 측정 기준을 지속 개발하여, 매년 날짜를 발표하고 있습니다. 생태용량 초과는 다음 4가지의 주요한 요인으로부터 결정됩니다.

1. 우리가 얼마나 소비하는가?
2. 우리가 만드는 제품이 얼마나 효율적인가?
3. 얼마나 많은 사람이 살고 있는가?

4. 자연이 얼마나 생산할 수 있는가?

지구 생태용량 초과의 날을 계산하기 위해, GFN은 인구의 자연 자원의 수요와 생태계의 자연 자원의 공급을 측정합니다. 수요란 인류의 생태발자국(인류가 소비하는 모든 자원을 생산하고 폐기하는 데 드는 생태적 비용)을 의미하고, 공급이란 행성의 생태용량(지구가 그 해에 생산할 수 있는 생태적 자원)을 뜻합니다.

※ (생태용량/생태발자국) × 365 = 지구 생태용량 초과의 날

우리는 과도한 남획, 벌채, 이산화탄소 배출 등으로 지구가 재생할 수 있는 것보다 더 많은 생태적 자원을 소비하고 있으며, 2021년 7월 29일 이후 우리가 쓰는 자원은 미래 세대에게 빌려 쓰는 부채(debt) 상태가 됩니다. 그러나 작은 실천으로 이러한 상황을 변화시킬 수 있습니다. 우리가 어렵지 않게 할 수 있는 일을 통해서 지속가능한 미래를 만드는 데에 중요한 역할을 할 수 있습니다.

지속가능한 미래를 위한 팁 :

1. 일회용품 사용은 그만!

2. 절감·재사용·재활용(Reduce-Reuse-Recycle)

3. 전원은 끄고, 코드는 뽑기!

4. 나누어 쓰고 빌려 쓰기! (자동차, 책 등)

5. 에너지효율등급이 높은 제품을 사용하기!

※ 전 세계 사람들이 각 국가의 생활 방식대로 살아간다면 1년에 필요한 지구는 몇 개일까요?

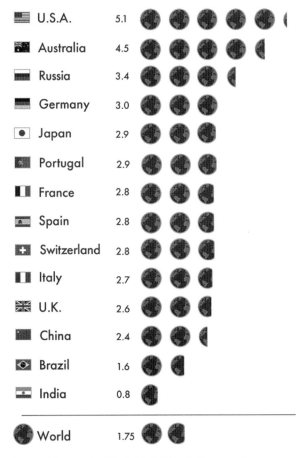

🇺🇸 U.S.A.	5.1	
🇦🇺 Australia	4.5	
🇷🇺 Russia	3.4	
🇩🇪 Germany	3.0	
🇯🇵 Japan	2.9	
🇵🇹 Portugal	2.9	
🇫🇷 France	2.8	
🇪🇸 Spain	2.8	
🇨🇭 Switzerland	2.8	
🇮🇹 Italy	2.7	
🇬🇧 U.K.	2.6	
🇨🇳 China	2.4	
🇧🇷 Brazil	1.6	
🇮🇳 India	0.8	
🌍 World	1.75	

2022년 GFN 기준 필요한 지구 개수(더 많은 정보는 https://www.overshoot-day.org/how-many-earths-or-countries-do-we-need/) 참고로 한국은 4개의 지구가 필요합니다.

한국기후·환경네트워크

   한국기후·환경네트워크는 민·관 협력을 통해 비산업 부문의 온실가스 감축을 위한 거버넌스 기구로써 공공, 기관, 기업, 민간 단체 등 57개 단체가 참여하고 있으며 지자체, 지역단체를 중심으로 전국 245개 지역 네트워크가 구성되어 있습니다.

   2008년 10월 '그린스타트 전국네트워크'로 출범한 이후 2014년 3월 '한국기후·환경네트워크'로 명칭을 변경하고, 기후와 환경을 포괄하는 범국민 실천 운동을 추진하고 있습니다. 국민과 함께하는 저탄소 친환경 사회 실현을 비전으로 저탄소 친환경 생활양식의 정착 목표를 가지고 온실가스 1인 1톤 줄이기를 실시하고 있습니다. 다양한 캠페인 중, 쿨맵시와 온맵시에 대해서 자세히 알아보겠습니다.

쿨맵시 포스터(출처: https://www.kcen.kr/)

쿨맵시란?

시원하고 멋스러운 의미의 '쿨(cool)'과 옷 모양새를 의미하는 순우리말 '맵시'의 복합어로, 시원하면서도 예절과 건강, 패션까지 고려한 옷차림입니다. 사무실이나 실내 냉방 온도를 높이기 위해 시원하고 간편하면서도 격식 있는 옷을 착용하여 지구온난화의 주범인 온실가스 발생량을 줄이기 위한 캠페인입니다.

여름철 무더위로 인한 높은 전력수요가 예상되는 바, 에너지 절약과 온실가스 감축을 위한 범국민 인식 전환 및 실천이 중요합니다. 냉방 에너지 절약과 직장인의 건강증진을 위해 실내온도를 26~28도로 준수할 수 있도록 복장을 간소화해야 합니다. 쿨맵시를 실천하면 냉방비용 절약, 냉방병 예방 및 온실가스를 감축하는 효과가 있습니다.

쿨맵시 옷차림을 하고 냉방 온도를 2도 정도 높이면 연간 약 6억 3천 9백만kwh의 전기를 절약할 수 있으며, 이는 30년생 소나무 약 4천 1백 20만 그루를 심는 효과가 있습니다. 또한 쿨맵시 옷차림으로 실내온도를 높이면 지나친 냉방에 의한 두통, 어지럼증, 피부 건조증 등의 냉방병 증세와 우리 몸의 방위 체력* 저하를 예방할 수 있습니다.

방위 체력 : 체온조절력, 면역력, 신체적 스트레스에 대한 저항력 등의 체력

온맵시 포스터(출처: https://www.kcen.kr/)

온맵시란?

겨울을 따뜻하게 보낸다는 의미의 '온(溫)'과 옷 모양새를 의미하는 순우리말 '맵시'의 복합어로 편안하고 따뜻한 옷차림입니다. 사무실이나 실내 난방온도를 낮추기 위해 편안하고 따뜻한 옷을 착용함으로써 지구온난화의 주범인 온실가스 발생량을 줄여 지구온난화를 막는 현명한 겨울나기 캠페인입니다.

갈수록 더 따뜻한 실내온도를 추구하여 겨울철 다량의 에너지 소비가 예상됩니다. 이럴 때일수록 에너지 절약과 온실가스 감축을 위한 범국민 인식 전환 및 실천이 중요합니다. 온맵시는 난방 비용 절약, 추위에 대한 적응력 강화, 온실가스를 감축하는 효과를 볼 수 있습니다.

온맵시 복장을 하고 난방온도를 2.4도 낮춘다면 연간 3,040,000t 의 온실가스를 줄일 수 있으며, 이는 30년생 소나무 약 4억 5천 만 그루를 심는 효과가 있습니다. 아울러 온맵시를 실천하여 난 방온도를 낮추면 과도한 난방으로 인한 인체 대처 능력과 면역력 약화, 피부 건조증뿐만 아니라 잔주름살도 예방할 수 있습니다.

3
지구촌 사람들의 결의

COP26

2021년 11월 13일, 제26회 유엔기후 변화협약 당사국 총회(이하 COP26)가 영국 글래스고에서 열렸습니다. 영국의 글래스고는 산업혁명이 일어났던 곳으로 기후 변화의 시작으로 기후 변화협약의 장소로 알맞다고 판단되어 제26회 유엔기후 변화협약이 열리게 되었습니다.

사실 처음 개최되는 협약은 아닙니다. 유엔기후 변화협약의 목적은 이산화탄소를 비롯한 온실가스 배출을 제한해 지구온난화를 방지하는 것입니다. 정식 명칭은 '기후 변화에 대한 국제연합 기본협약'입니다. 이 협약이 처음으로 채택된 장소인 브라질의 리우데자네이루를 기념해 '리우환경협약'이라 부르기도 합니다. 협약을 논의하기 시작한 이유는 산업화 이후 기후 변화 때문입니다. 무분별한 산업화로 지구온난화가 세계적 문제로 대두되기 시작하면서 이를 해결하기 위한 국제 사회의 목소리가 생겨나기 시작한 것입니다.

그리하여 1972년, 자국의 담당 혹은 관리하의 지역에서 벌어지는 활동이 타국의 환경 혹은 담당 외 지역의 환경에 해를 끼치지 않을 것을 약속하는 '스톡홀름 선언'이 발표되었습니다. 이어서 1992년 리우에서는 미래세대의 몫을 보장하는 지속가능한 개발을 지향하는 선언이 있었습니다. 이후 지구온난화에 대한 공식적인 국제협약이 제기되면서 1992년 6월 정식으로 기후 변화협약이 체결되었고, 1994년부터 발효되었습니다.

기후 변화협약으로 이산화탄소, 프레온 가스 등 온실가스 배출 저감은 당사국들에 중요한 과제가 되었습니다. 각국은 자체적으로 온실가스(염화 플루오린 탄소 제외)의 배출량과 제거량을 조사해 협상위원회에 보고해야 하며, 매년 기후 변화에 관한 주요 사안을 다루는 당사국 총회에 참석해야 합니다. 기후 변화협약 자체는 법적 구속력이나 강제성은 없지만, 그동안은 시행령이었던 교토의정서가 언론에 자주 언급되었습니다. 그리고 2015년 파리기후협약(파리 협정)으로 새로운 시행령이 채택되었습니다.

파리 협정에서는 교토의정서를 넘어 개발도상국*(개도국은 선진국과 비교해 기후 변화에 대한 역사적 책임이 적으므로 선진국은 개도국들의 기후 변화 대응을 지원함)이 대상 국가에 포함된 점, 의무 감축이 아닌 자발적 감축(법적 구속력은 없지만, 달성을 목적으로 행동을 취하는 것은 의무에 해당)을 목표로 한다는 점 등의 차이가 있다고 합니다. 하지만 2015년에 채택된 파리 협정은 아직 불완전한 상태였지만, 이번 COP26에서 국제 탄소 시장의 세부 이행 규칙이 타결되면서 완성도가 높아졌습니다. 바로 파리 협정 제6조인 국제 탄소 시장 지침이 타결되었기 때문입니다.

이 지침으로 국가 간 온실가스 배출권을 거래하는 탄소배출권 시장이 투명하고 통일된 국제 규범 아래 기능하도록 하며, 탄소 배출권 거래를 통한 감축분이 거래 양국에 모두 반영되는 이중계상을 막을 방안도 논의되었습니다. 이번 회의에는 197개 당사국 정부대표단과 산업계, 시민단체, 연구 기관 등 4만여 명이 참석했습니다. 우리나라도 환경부 장관을 수석대표로 회의에 파견했습니다. 이번 세 번째 정상회의에서는 120개국 정상들이 모여 지구 온도 상승 범위를 1.5도 이내로 억제할 수 있도록 범세계적 기후

개발도상국: 개발도상국(developing country) 또는 약칭 개도국은 선진국(developed country)에 비해 산업의 근대화와 경제개발이 크게 뒤처지고 있어 현재 경제성장을 목표로 하는 나라를 일컫는다.

행동 강화를 약속했습니다. 또한, 2030년까지 삼림 파괴를 중단하고 토양 회복에 힘쓰겠다는 '산림, 토지 이용 선언'과 전 세계에서 배출되는 메탄의 양을 2020년 대비 최소 30% 줄이자는 '글로벌 메탄 서약' 등이 발표되었습니다. 그러나 후자의 경우 메탄 발생 상위 3개국인 중국, 러시아, 인도의 참여를 끌어내지 못해 어느 정도 한계가 있을 것으로 보입니다.

이번 COP26의 가장 큰 성과는 글래스고 기후조약(Glasgow Climate Pact)의 타결이라고 할 수 있는데요. 이는 세계 각국이 기후 위기 대응을 위해 석탄 발전을 단계적으로 감축하고, 선진국은 2025년까지 기후 변화 적응기금을 2배로 확대한다는 내용을 담고 있습니다. 다시 말해 석탄 발전과 비효율적인 화석 연료 보조금을 단계적으로 감축한다는 방침입니다.

COP 합의에서 화석 연료에 관한 직접적인 목표가 언급된 건 이번이 처음인데요. 하지만 2030년부터 2040년까지 전 세계가 석탄 사용을 중단한다는 초기의 목표와 비교하면 굉장히 후퇴한 것이라는 지적도 나왔습니다. COP26의 의장을 맡았던 알록 샤르마는 중국과 인도가 책임이 있다고 언급하기도 했습니다.

대부분 국가가 석탄 발전을 단계적으로 폐지하는 것에 동의했으나, 중국과 인도는 석탄 발전을 포기할 수 없다고 반발해 합의에 이르지 못했기 때문입니다. 또한 2022년에 '2030 국가 온실가스 감축 목표(NDC)'를 지구 온도 상승폭인 1.5도에 맞게 다시 제 안하기로 했으나 정확한 대응 일정이 나오지 않아 아쉬움이 있 었습니다.

이처럼 이번 COP26에서는 완전한 해결책이 나왔다고는 할 수 없지만, 석탄 사용량 저감에 대한 본격적인 논의가 이루어졌다는 점을 주목해야 합니다. 국제적 합의는 일반적으로 국내법과 비교 해 강제성이 떨어지지만, 느린 속도일지라도 옳은 방향으로 나아 가는 것이 중요하기 때문입니다. 따라서 한계에 집중하기보다는 환경 보호를 위한 개인적 실천을 지속하는 동시에 이러한 국제 동향에 관심을 기울일 필요가 있습니다.

우리나라가 가라앉고 있어요

제26차 유엔기후 변화협약 당사국 총회(COP26)에서 화제가 된 화상 연설이 있습니다. 화상 연설이 화제가 된 이유는 바로 수중 연설이었기 때문입니다. 태평양의 섬나라들이 처한 상황을 보여 준 회의였습니다. 한때 육지였으나 지금은 허벅지까지 물이 차 고 있습니다.

워싱턴포스트에 따르면, 지난 8일 영국 글래스고의 COP26에 서 허벅지까지 차오른 바닷물 속에서 말을 이어가는 한 남성의 모습이 방영되자 참석자들의 시선이 집중되었습니다. 수중연설

기후 위기의 심각성을 호소하기 위해 바닷물에서 연설하고 있는 사이먼 코페 투발루 외교부 장관.(출처: 로이터 연합뉴스 자료사진)

의 주인공은 사이먼 코페 투발루 외교부 장관이었습니다.

그는 투발루의 한 해변에서 녹화된 영상에서 "여러분들이 지금 저를 보시듯, 투발루는 기후 변화와 해수면상승이라는 현실에서 살고 있다"라며 눈앞에 실제로 닥친 기후 위기 대응을 위해 전 세계가 즉각 행동에 나설 것을 촉구했습니다.

코페 장관은 "바닷물이 항상 차오르고 있으므로 우리는 말뿐인 약속만을 기다릴 여유가 없다"라며 "'기후 이동성(climate mobility)'이 최우선으로 고려돼야 한다"라고 강조했습니다. 이미 9개의 섬 중 2개가 물에 잠겼고, 국제 사회는 몬테비데오 조약*에 따라 명확한 영토가 있어야 국가로 인정하기에, 투발루 외에도 몰디브와 마셜 군도 등 태평양 섬나라들은 수몰 위기와 함께 국가 지위마저 흔들리는 처지가 됐습니다.

태평양의 섬나라 정부는 최악의 경우를 대비해서 해양수역의 소유권을 유지할 수 있도록 법적 방안을 모색하고 있습니다. 투발루 외교부 장관은 강대국의 '말뿐인 약속'을 기다릴 여유가 없다면서 기후 위기 대응에 당장 '행동'으로 나서 달라고 촉구했습니다. 이렇게 섬이 점차 줄어들게 되면 삼면이 바다인 우리나라도 어떻게 변할지 모르겠습니다. 우리가 기후 위기를 심각하게 받아들여야 하는지 아시겠지요?

몬테비데오 협약에 따르면, 하나의 독립체(entity)가 아래의 4가지 요건을 모두 만족할 때 국제법상 국가에 해당합니다. 1. 항구적 인구, 2. 한정된 영토, 3. 정부, 4. 다른 국가들과 관계를 맺을 수 있는 능력.

— 3장 —
미래의 식량
곤충

왜 미래 식량으로 곤충이 주목받을까요? 늘어나는 인구를 감당할 수 없을 만큼의 고기를 구할 수 없기 때문입니다. 그렇다면 꼭 곤충을 먹어야 할까요? 더 많은 소와 돼지, 닭을 기르면 감당할 수 있을까요? 하지만 소와 돼지, 닭고기를 생산하는 데는 많은 물과 풀 또는 사료가 필요합니다. 그렇다면 소와 돼지, 닭고기는 더 이상 좋은 대안이 되지 못합니다. 많은 대안 중에 첫 번째 해결책은 바로 곤충입니다. 이러한 식용곤충은 어떻게 수요가 생기는 걸까요? 지금부터 알아보겠습니다.

1
지구온난화의 주범

주범은 트림과 방귀

지구온난화의 가장 큰 문제는 이산화탄소일까요? 사실 정확하게 콕 찍어 말하는 데는 어려움이 있고, 사람들마다 큰 의견 차이가 있습니다. 왜냐하면 지구온난화는 거짓이라고 주장하는 사람들도 있기 때문이죠. 그 이유로 지구는 여태껏 온도가 낮았던 빙하기와 간빙기(지구온난화)를 여러 차례 거쳐왔고 지구온난화는 자연스러운 현상이라는 겁니다. 하지만, 산업혁명 이후 우리가 현재 이산화탄소를 많이 배출하는 것이 지구를 덥게 하는 중요한 요소이고, 이산화탄소를 산소로 바꿔주는 나무와 숲을 우리가 파괴하고 있는 것도 사실입니다. 또한, 산업혁명 이후 지구 온도가

1도 오른 데는 화석 연료를 활용하여 이산화탄소를 배출한 것이 문제가 되었습니다. 지구온난화의 주된 요인인 온실가스에 이산화탄소만 존재하는 것은 아닙니다.

이산화탄소 외에도 지구온난화 물질은 크게 5가지 물질로 알려져 있습니다. 수증기, 이산화탄소, 메탄, 아산화질소, 클로로 플루오로 카본(CFC: 프레온 가스)입니다. 이 중 메탄가스는 이산화탄소의 20배 이상의 온실효과를 불러오며, 소 1마리가 연간 배출하는 메탄가스는 소형 자동차의 배기가스와 비슷하다는 연구 결과도 있습니다. 자동차에서 나오는 매연도 문제지만 소가 배출하는 메탄가스도 문제가 되는 것이지요.

그런데 우리는 소를 얼마나 키울까요? 우리가 아니라 지구적 관점에서 생각해야겠지요? 그럼 전 세계에 사람이 사육하는 소는 몇 마리일까요? 미국 농무부(USDA)가 집계한 '2016년 기준 세계 소 사육 마릿수'에 의하면 전 세계에서 사육되는 소는 9억 9,661만 마리로 집계되고 있습니다. 이 중 소가 가장 많은 나라는 인도로 3억 160만 마리를 키워 세계 소의 31%를 차지하고 있습니다. 이렇게 소가 많은 이유는 인도 국민 중 80.5%가 힌두교를 믿고 있기 때문입니다. 힌두교는 소를 비옥과 힘의 상징으로 신성시하기 때문에 소를 함부로 잡아먹는 것을 금지하고 있습니다.

인도에 이어 2위는 브라질(2억 1,909만 마리, 22.6%), 3위는 중국

(1억 25만 마리, 10.3%)입니다. 소와 같은 반추동물은 소화 과정에서 메탄가스가 발생합니다. 반추동물은 먹은 것을 게워 내어 다시 씹어 먹는 소화 형태를 보입니다. 반추동물의 위는 네 개의 방으로 나누어져 있으며 대표적 동물에는 소, 양, 염소, 기린, 사슴, 낙타가 있습니다. 반추동물들은 풀을 소화하는 과정에서 트림과 방귀로 메탄가스를 배출합니다.

메탄을 내뿜는 소(트림, 방귀, 분뇨)

알쏭달쏭 방귀세

위에서 말한 대로 소가 뿜는 트림과 방귀 속 메탄가스가 지구 온난화를 가속하다 보니 소의 적정 마릿수를 유지하기 위해 여러 노력을 하고 있습니다. 이 중 하나가 방귀세입니다. 에스토니아에서는 2009년부터 방귀세를 부과하고 있으며, 다른 나라에서도 방귀세를 부과하려고 합니다.

방귀세를 내면 소를 키우는 사람들이 줄어들까요? 키우는 소를 줄이지 못하니 사료를 통해 근본적인 문제인 메탄가스를 줄이려고 노력하는 사람들이 있습니다. 최근 연구에 따르면 해초류가 함유된 사료를 먹은 소가 배출하는 메탄가스의 80% 가까이가 줄어들었다고 하니 언젠가는 방귀세가 없어질 수도 있겠다는 생각이 들기도 합니다. 하지만 일부 채식주의자들은 육식하는 것이 가장 큰 문제라고도 생각합니다. 여러분은 지구온난화를 막기 위해 육식을 포기할 수 있나요?

채식주의자들을 위한 비건 전용 고기는 대부분 콩과 같은 단백질로 만들어 영양소에는 큰 차이가 없으나 모양과 식감 등이 아직 부족합니다. 이런 부분을 대체할 새로운 식량이 바로 곤충입니다.

2
영화 속의
식용곤충

설국열차의 단백질 바

여러분은 지구온난화를 어떻게 전망하나요? 무사히 막을 수 있을까요? 아니면 점점 뜨거워져서 지구에 살기 힘들어질까요? 영화 〈설국열차〉는 이러한 아이디어에서 출발했습니다. 영화는 다음과 같은 내레이션으로 시작합니다.

현재 시각 2014년 7월 1일 오전 6시 바로 이 공항에서 세계 최초로… CW-7은 7년간 많은 논란 속에서 개발을 진행해왔습니다. 환경 단체와 개발도상국의 반대에도 불구하고… 지구온난화의 해결책으로 거론됐던 CW-7이 현실로 다가왔습니다. 지구온난화 대책에 고심하던 세계 정상은 오늘 79개국 대기권 상층에 CW-7을 살포합니다. 대기권 상층에 살포되면 지구 온도가 적정 수준을 되찾을 수 있습니다. 내일이면 지구는 온난화의 위기에서 벗어나… 과학계는 인공 냉각 물질인 CW-7 살포에 성공하면 효율적인 기온 관리가 가능해 혁신적 해결책이라 밝혔습니다.

CW-7의 대량살포 직후, 거대한 한파가 세계를 덮쳤다. 새로운 빙하기, 지구상의 모든 생명체는 멸종되었다. 끝없이 달리는 운명의 열차에 올라탄 사람들만이 인류 최후의 생존자가 되었다.

2031년을 배경으로 한 설국열차는 지구온난화를 막으려다 빙하기를 맞이한 미래에 관한 이야기입니다. 설국열차에는 지구의 축소판처럼 여러 가지 동식물이 자라고 이를 통해 예전만큼 풍족하지 않지만, 식사를 즐길 수 있는 1등칸(돈을 많이 지불하고 탑승한 사람)에 있는 사람들도 있습니다. 하지만 지급할 돈이 없던 사람들은 꼬리 칸에 탑승하고, 앞쪽 칸에 탄 사람들이 꼬리칸에서 필요한 인력을 스카우트해 데려갑니다. 감옥과 같은 이곳에서 사람들은 단백질 블록으로 식사를 대신하게 됩니다. 살기 위해 어쩔 수 없이 먹었던 단백질 블록의 실체는 영화 중반부에 밝혀지는데요, 알고 보니 바퀴벌레를 갈아서 만든 단백질 블록이었습니다.

많은 사람을 먹여 살리는 방법으로 바퀴벌레를 활용한 것이 비위에 거슬릴 수는 있습니다. 하지만 식량으로 곤충을 활용한 것은 꽤 현실적입니다. 많은 인원을 먹여 살리는 데 곤충이 적절하다는 것을 영화가 보여준 것이죠. 인류는 지구의 많은 동식물을 멸종에 이르게 만들었습니다. 그러나 바퀴벌레는 멸종시키지 못했습니다. 그만큼 번식과 적응력이 뛰어난 종임이 증명된 셈이죠.

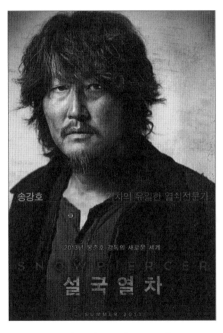

영화 〈설국열차〉 포스터

3

어쩌다 곤충

가성비가 가장 뛰어난 단백질 보충원

여러분은 돼지고기를 좋아하나요? 안심, 등심, 뒷다리살 등 여러 부위가 있죠. 돼지의 많은 부분을 먹고 있다고 생각하나요? 내장은 순대로, 다리는 족발로, 머리는 머리 고기로 먹고 있으니 돼지의 전 부위를 다 먹는다고 생각하기 쉽습니다.* 하지만 먹지 못하고 버리는 부위(뼈 및 기타 부위)들이 있습니다. 또한 모든 사람이 우리나라 사람처럼 먹지는 않겠지요? 우리나라 사람들이 즐기는 돼지고기의 대표 부의는 삼겹살입니다. 하지만 외국에서는

---

https://www.youtube.com/watch?v=jbGeSvyh4NI [#알쓸신잡 1]한국인들이 '삼겹살'을 많이 먹는 이유?

이 부위를 먹지 않습니다. 우리가 즐겨 먹는 순대도 외국에서는 먹지 않습니다. 이처럼 우리나라가 돼지고기의 다양한 부위를 먹게 된 것도 사실은 한국전쟁 이후 중요한 부위(안심, 등심, 갈비 등)는 수출하고 남는 부위를 먹으려 다양한 방식으로 음식을 개발하게 되면서입니다.

하지만 돼지고기가 일반적으로 우리의 식탁에 오르기까지, 출생부터 성장의 시간이 필요합니다. 이는 소고기나 닭고기 모두 다 마찬가지지요. 닭고기는 알에서 부화까지 약 3주가 필요합니다. 또한 부화 후 우리가 먹는 치킨이 되기 위해서는 30일 이상이 필요합니다. 그럼 30일 동안 병아리에서 시간이 지난다고 닭이 되는 것은 아니겠지요? 30일 동안 사료와 물이 필요합니다.

돼지는 어떨까요? 돼지의 임신 기간은 114일입니다. 돼지는 포유류라 당연히 알로 태어나는 게 아니라 새끼로 태어납니다. 이후 약 28일간 젖을 먹고 생후 60일까지 이유식을 먹고 생후 180일 이후 시장으로 출하됩니다.

소는 어떨까요? 소의 임신 기간은 270일~290일입니다. 소 또한 포유류로 30일~60일간 젖을 먹으며 25개월 이후가 되어야 체중이 500kg 이상 나가는 소로 판매가 됩니다. 특히나 소는 한 번에 1마리 또는 2마리밖에 낳지 않아 번식에 어려움이 있습니다. 소고기가 돼지고기보다 더 비싼 이유가 번식에 어려움이 있기 때문입니다. 이처럼 소, 돼지, 닭 등은 우리의 식탁에 오기 위해 걸리는 시간이 필요합니다. 또한, 사육하는 동안에 사료와 물이 필요하고 그 노력에 대비해 얻는 단백질의 양은 그렇게 크지 못합니다.

하지만, 곤충은 아주 짧은 기간에 대량으로 번식하고 적은 양의 사료와 물로 키울 수 있으며, 큰 공간을 필요로 하지 않습니다. 그리고 집에서도 대량으로 사육할 수 있습니다. 아파트에서 닭이나 소 또는 돼지를 키우는 게 과연 가능할까요? 하지만 곤충은 가능합니다. 이처럼 접근성이 높고, 환경을 크게 파괴하지 않는 선에서 사육이 가능합니다. 1장에서도 언급한 탄소발자국 기억하시나요?

신토불이, 다시 말해 우리 지역에서 생산되는 먹거리가 온난화를 막는 좋은 방법이라는 것입니다. 곤충은 이 부분을 해결할수 있습니다. 도시 한복판에도 곤충 백화점을 설립할 수도 있지요. 강원도 영월에는 영월곤충박물관이 있습니다.(http://www.insectarium.co.kr/) 영월곤충박물관은 자라나는 어린이들에게 자연 사랑의 중요성을 일깨워 주고 어른들에게는 환경 보호의 필요성을 인식시키기 위하여 2002년 5월 5일에 개관하였습니다. 이곳에 가면 다양한 곤충을 만나고 만지고 맛볼 수 있습니다. 다음 여행은 곤충을 씹고 뜯고 맛볼 수 있는 영월로 가는 것은 어떨까요?

영월곤충박물관 조감도

지구까지 생각한 미래 먹거리

지구를 생각하면 곤충이 미래의 먹거리로 아주 적합하다는 생각이 들지 않나요? 생각이 변하는 중인가요? 생각이 바뀌면 행동이 바뀐다는 말처럼 우리의 행동도 변할 것입니다. 이번엔 미래 먹거리인 곤충의 장점을 알아볼까요?

첫째, 환경오염을 막을 수 있습니다. 소와 같은 반추동물의 메탄가스, 사육하는 데 필요한 물의 사용량, 막대한 양의 분뇨 처리, 사육장을 위한 농지 또는 녹지 훼손으로 인한 환경오염을 줄

여나갈 수 있습니다.

둘째, 배송비(탄소 배출량)를 줄일 수 있습니다. 탄소발자국 기억하시죠? 우리가 근거리에서 가축을 사육하면 탄소발자국을 줄일 수 있습니다. 그렇다면 탄소발자국을 줄이기 위해 축사가 우리 집 가까이에 위치하면 어떨까요? 가축의 분뇨 냄새에 더운 여름은 물론, 환기를 위해 창문을 여는 것도 망설여질 겁니다. 근거리에 있는 축사의 분뇨 냄새로 고통받는 주민들을 다룬 기사들은 검색하면 쉽게 찾아볼 수 있습니다. 그럼 멀리 설치하면 될까요? 멀리 설치해도 문제는 계속됩니다. 특히 비가 오면 냄새가 더 잘 퍼집니다. 이러한 문제를 해결하기 위하여 나라에서는 축사 이전비를 지원하고, 관계자들도 청소와 소독을 통해 청결한 축사를 만들기 위해 힘쓰고 있습니다. 하지만 곤충은 이러한 냄새와 청결 문제에서 자유롭고, 우리 곁에서 키우기 때문에 배송비도 적으며 메탄가스도 발생하지 않습니다.

셋째, 동물에 사용되는 약물 오남용입니다. 혹시 살충제 달걀 파동을 기억하나요? 잘 모르겠다고요? 2017년 살충제 성분인 피프로닐(Fipronil)이 유럽의 달걀에서 검출되었는데, 살펴보니 우리나라에도 살충제 성분이 나온 달걀이 있다는 사실이 밝혀졌습니다. 이로 인해 달걀값이 폭락하고 케미포비아(Chemiphobia)를 불러오기도 했지요. 근데 이 성분이 들어간 이유가 정말 어이없었습니다. 피프로닐이 든 살충제를 쓴 이유는 다음과 같았습니다.

닭에 있는 진드기 박멸에 효과가 좋다는 이야기를 듣고 사용했다는 것입니다. 피프로닐은 가축과 애완동물에 기생하는 벼룩과 진드기 등을 없애는 데에 이용되는 물질입니다. 하지만 우리가 먹는 소, 돼지, 닭에는 사용이 금지되어 있습니다. 금지된 성분을 잘 몰라서 사용한 것이지요. 결국 달걀에 포함된 살충제 성분인 피프로닐은 소량이지만, 몸에 축적되고 과다 섭취할 시에는 간장, 신장 등 장기가 손상될 수 있다고 세계보건기구(WHO)에서 경고하였습니다. 또 다른 농장에서는 다른 살충제 성분인 비펜트린(Bifenthrin) 성분이 검출되기도 하였습니다. 하지만 곤충은 약물을 사용할 필요 없이 온습도만 잘 유지해 주면 됩니다.

넷째, 동물에 대한 복지가 부족하거나 학대를 하는 경우가 있습니다. 프랑스의 푸아그라 요리를 알고 있나요? 푸아그라는 살찐 거위의 간(지방간)을 재료로 한 요리입니다. 전 세계에 푸아그라 요리가 소개되고 인기를 얻게 되자 문제가 생겼습니다. 푸아그라의 인기가 높아져 살찐 거위 간이 많이 필요하게 된 것이죠. 그러자 사람들은 거위에게 사료를 강제로 먹여 살을 찌운 뒤, 지방간이 발생한 거위를 만들어 판매하기 시작했습니다. 이처럼 강제로 먹이를 먹이는 일이 계속되자 동물보호단체에서는 거위에 대한 학대를 금지하였습니다. 하지만 수요에 비해 공급이 부족하다 보니 아직도 강제로 먹이를 먹이는 곳이 있습니다.

이와 같은 동물학대가 거위에게만 해당되지는 않습니다. 양계장의 닭은 비좁은 상자 안에서 기계처럼 알을 낳고 있습니다. 본인이 닭이라고 생각해 보면 답이 보일 거예요. 학대가 맞다고 생각하나요? 돼지는 작은 우리에 갇혀 지내고 송아지 사육틀과 같은 것들이 아직도 사용되고 있습니다. 모두 동물을 학대하는 행위입니다.

프랑스에서는 소의 메탄가스를 조절한다는 의도로 몸에 구멍을 뚫어 위를 관찰한다고 합니다. 하지만 나쁜 사람들은 이것을 악용해 강제로 먹이를 주입하는 도구로 이 구멍을 사용한다고 하니 인간의 욕심은 끝이 없는 것처럼 느껴지기도 합니다. 하지만 요즘에는 동물복지에 관심이 점차 커지고 있고 동물복지, 무항생제 등 다양한 인증 마크가 있으니 이를 잘 알아두면 됩니다. 그러나 동물 학대가 완벽하게 사라졌다고 보기는 아직 어렵습니다. 공정거래, 공정무역처럼 영리한 소비가 필요한 부분이기도 합니다.

위에 구멍이 뚫린 젖소

다섯째, 바이러스로부터 안전하질 않습니다. 이번 코로나19 사태는 박쥐에 의한 것으로 밝혀졌습니다. 우리 가까이 지내는 각종 동물의 바이러스와 사람의 바이러스는 서로 전파가 잘되지 않으나 가끔 나오는 돌연변이에 타격을 입기도 합니다. 잘 이해할 수 있는 게 바로 조류인플루엔자입니다. 바이러스의 전염을 막기 위해 살아 있는 조류들을 살처분하는 것들을 보면 마음이 아픕니다. 살아 있는 동물은 죽이는 것은 명백한 학대이고, 이렇게 생매장된 사체는 환경을 오염시킵니다. 소와 돼지의 구제역 등 새롭게 생기는 바이러스와의 전쟁을, 이제는 끝내야 하지 않을까요?

💬 토론거리_4

가축은 노동력을 제공해 농사에 도움이 되었기 때문에 키우기 시작했습니다. 하지만 지금은 기계를 활용하여 농사를 짓고, 가축은 사람이 먹거나 우유, 달걀과 같은 부산물을 얻기 위해 키워집니다. 앞으로도 가축을 사육하는 것에 동의하나요? 아닌가요?

[**동의** 의견 예시] : 사람과 동물이 같이 걸리는 바이러스를 인수공통감염병이라고 합니다. 재러드 다이아몬드(Jared Mason Diamond)의 저서인 《총·균·쇠》의 균 부분을 보면 서양이 신대륙과 아프리카를 침략해 적은 인원으로 많은 원주민을 노예로 만들 수 있었던 이유를 '균'에서 찾고 있습니다. 저자는 이 '균'의 차이를 가축의 수와 비교해 살펴봅니다. 원주민에게 익숙하지 않은 인수공통감염병이 크게 유행했기 때문에, 서양은 적은 인원으로 다수의 원주민을 제압할 수 있었다는 것이죠. 이러한 인수공통감염병이 인류의 역사를 바꾸기도 합니다.

[**반대** 의견 예시] : 조류 인플루엔자로 인해 많은 여전히 많은 닭이 생매장[현행법에 따르면 조류 인플루엔자 긴급행동 지침(AISOP)은 살처분할 때 인도적 안락사를 명시하고 있음]을 당하고 있음. 조류 인플루엔자 외에도 구제역, 아프리카돼지열병, 소해면상뇌증(일명 광우병) 등 가축을 공장식으로 키워 얻은 부작용으로 인한 전염병 발생으로 집단 살처분이 불가피함.

대화의 수준을 끌어올리는; 똑똑이 아이템 8

케미포비아를 아시나요?

케미포비아는 화학을 의미하는 '케미컬'(Chemical)과 공포·혐오를 뜻하는 '포비아'(Phobia)가 합쳐진 단어입니다. 우리나라에서는 가습기 살균제 사태(2011년), 살충제 달걀 파동(2017년), 발암 물질 생리대 파동(2017년), 액상형 전자 담배 논란(2019년) 등 다양한 사건이 있었습니다. 이 중 가습기 살균제부터 살펴보겠습니다.

위생을 위해 가습기 살균제를 사용한 사람들이 피해를 입게 되었습니다. 피해자들은 살균제가 포함된 수증기를 코와 입으로 흡입했고, 이게 심각한 문제를 일으켰습니다. 정부나 기관에서는 가습기 살균제 성분은 인체에 해가 없다고 발표했지만, 그것은 흡입한 경우가 아닌 손으로 만지거나 먹는 것 등에 대한 무해를 의미한 것이었습니다. 그러나 물 입자 상태로 흡입하게 되면 폐 섬유증이 발생하게 됩니다. 여기서 '섬유화'는 굳는 것을 의미하며, 신체에 상처가 생기면 낫는 과정에서 상처 부위가 딱딱해지듯, 폐 섬유화 역시 폐가 어떠한 이유로 손상을 받은 후 치유되는 과정에서 남는 상처라고 할 수 있습니다. 이처럼 가습기 살균제 성분은 우리 몸의 소화기관이나 피부에는 큰 이상을 일으키지 않지만, 폐에는 큰 영향을 미칠 수 있지요. 이후, 2012년, 환경부는 PHMG(Polyhexamethylene guanidine, 폴리헥사메틸렌 구아디닌) / CMIT(Methylchloroisothiazolinone, 메칠클로로이소치아

졸리논) / MIT(Methylisothiazolinon, 메틸이소티아졸리논)성분을 유독물로 지정했습니다. 그러나 2015년에 PHMG만 사용을 금지하였습니다. 즉 CMIT와 MIT는 현재도 사용중인데, 문제는 주방세제나 치약 샴푸 등에 사용된다는 것입니다. 즉 주방세제에 문제의 물질이 들어가 있다면 뜨거운 물을 사용하는 설거지 수증기 속에도 미량이지만 가습기 살균제와 같은 성분이 포함될 수 있습니다. 뜨거운 목욕탕에서 샴푸와 바디크린저를 사용할 때도 뜨거운 물이 증발할 때 물만 증발하는 게 아니라 화학물질(가습기 살균제와 유사한)도 수증기에 포함되는 것입니다. 성분을 검사해보고 CMIT, MIT성분이 들어간 제품을 사용하지 않으면 조금이라도 안전할 수 있겠지요.

살충제 달걀 파동은 닭에 기생하는 벼룩과 진딧물을 죽이기 위해 뿌린 살충제가 달걀에 축적되어 검출된 사건입니다.

여성이 사용하는 생리대는 여러 가지 재료들을 접합하여 만듭니다. 알고 보니 이때 사용되는 접착제에 발암 물질이 포함되어 있었고, 이 물질이 생리불순과 생리통을 유발한다는 게 밝혀졌습니다. 시중에 판매되는 생리대 대다수에서 발암 물질이 나와 사회적으로 큰 논란이 일기도 했습니다.

액상형 전자 담배 논란은 정부가 액상형 전자 담배를 사용 자제를 하다 사용 중단으로 권고 수위를 높이면서 벌어졌습니다. 담배나 전자 담배나 유해 물질의 양의 차이는 있지만, 전자 담배는 폐 깊숙한 곳까지 유해 물질을 흡입하게 됩니다.

4
아낌없이 주는 곤충

곤충의 재발견

우리는 곤충을 보고 혐오를 느끼기도 하는데요. 곤충을 싫어하는 이유는 뭘까요? 곤충이 우리에게 나쁜 해를 가한 것도 아닌데 말이죠. 곤충 처지에서 보면 억울할 겁니다. 사실 우리가 먹는 소, 돼지, 닭도 무균 상태로 사육되는 것은 아닌데 말입니다. 오히려 곤충은 먹거리를 잘 조절하고 무균으로 키우기에 훨씬 적합합니다. 게다가 우리가 먹는 고기와 영양가 면에서 큰 차이가 없으면서 먹기 수월하다는 장점도 있습니다. 반려 곤충을 넘어 귀중한 식량 자원이 된 곤충의 장점을 느껴보길 바랍니다.

정부에서 인정한 식용곤충 10종

2021년 농촌진흥청이 고소애, 아메리카왕거저리, 쌍별이, 꽃벵이, 장수애, 벼메뚜기, 백장감, 식용누에, 수벌 번데기, 풀무치로 이루어진 식용곤충 10종을 인증했습니다.

고소애는 갈색거저리의 애벌레로 새우깡과 비슷한 맛으로 가장 유명하며 밀웜(meal worm, 식용곤충)의 대명사로 심혈관 질환에 예방 효과가 있는 불포화지방산이 많이 함유되어 있습니다. 아메리카왕거저리는 고소애와 비교해 1.5배나 커서 슈퍼밀웜이라고 불리기도 합니다. 쌍별이는 쌍별귀뚜라미의 애칭으로 간 보호나 알코올 해독 능력이 뛰어난 것으로 알려져 있습니다. 흰점박이꽃무지 애벌레를 꽃벵이라고 하며 혈전 치유 및 혈행 개선에 효과가 있는 인돌알칼로이드가 함유되어 있습니다. 반려 곤충으로 유명한 장수애는 장수풍뎅이 애벌레를 말하고 불포화지방산 및 비타민, 칼륨, 무기질, 마그네슘도 함유하고 있습니다. 벼메뚜기는 예전부터 먹던 식용곤충으로 동의보감에도 감기나 허약 체질에 좋다고 되어 있으며, 100g당 67.8g으로 식용곤충 중에는 단백질 함량이 가장 높습니다. 최근에 합류한 수벌 번데기는 양봉장에서 키우는 벌 중에 일벌, 수벌, 여왕벌로 여왕과의 교미 이외의 역할이 없이 먹이만 소비하기에 그동안 양봉업자들은 이를 폐기해 왔습니다. 이제 양봉업자들의 부수입이 늘어날지도 모르겠네요.

마지막으로 가장 최근에 인증받은 풀무치는 기존에 인증받았던 식용곤충인 벼메뚜기와 같은 메뚜기목 메뚜깃과로 벼메뚜기보다 약 2배 이상 크고 사육 기간은 절반 정도로 짧으며 사료 효율이 2배 이상 좋아 생산성이 뛰어납니다. 또한, 단백질(70%)과 불포화지방산(7.7%)이 풍부해 식품 원료로서 가치가 높기 때문에 과자나 선식 등 다양한 식품에 활용될 수 있을 것으로 기대를 받고 있습니다.

농촌진흥청은 약 2년에 걸쳐 풀무치의 특성, 영양성, 독성 등 위해성 평가를 비롯해 제조 공정 표준화 등을 연구했고, 식품의약품안전처는 약 8개월에 걸쳐 안전성 등을 심사해 풀무치를 새로운 식품 원료로 인정했습니다. 농촌진흥청 곤충양잠산업과 남성희 과장에 따르면 "곤충은 온실가스 배출, 대기와 수질 오염 등을 적게 발생시키는 환경친화적 특성으로 '2050 탄소중립'과 '그린 뉴딜 정책'에 맞는 먹거리로 주목받고 있다"며, "풀무치가 식품 원료로 추가됨에 따라 곤충사육농가의 소득 증대와 곤충 식품 산업 활성화를 기대한다"고 말하기도 했습니다.

💬 토론거리_5

편견이란 공정하지 못하고 한쪽으로 치우친 생각입니다. 어떻게 하면 사람들이 곤충을 편견 없이 먹을 수 있을지 토론해 보세요.

식품 원료로 사용 가능한 식용곤충

	품목명		학명 또는 특징
1	메뚜기		Oxya japonica Thungberg
2	백강잠		누에의 유충이 백강병균의 감염에 의한 흰굳음병으로 경직사한 몸체
3	식용누에 유충·번데기		Bombyx mori L.
4	갈색거저리 유충		Tenebrio molitor L.
5	쌍별 귀뚜라미		Gryllus bimaculatus
6	흰점박이 꽃무지 유충		Protaetia brevitarsis
7	장수풍뎅이 유충		Allomyrina dichotoma
8	아메리카 왕거저리 유충		Zophobas atratus
9	수벌 번데기		Apis mellifera L
10	풀무치		Locusta migratoria

출처 : 2021.9.13. 농촌진흥청 보도자료 '풀무치' 열 번째 식용곤충 인정

4장

가짜에서
진짜까지

우리가 고기를 먹는 한 고기 사육은 계속될 것이고, 그 결과 지구온난화 위기도 계속될 것입니다. 고기 사육을 유지하는 대신, 실험실에서 세포를 배양하는 것으로 기후 위기를 극복하려는 사람들이 있습니다. 사실 세포배양 이전에 식물의 단백질을 이용해 만든 인공 고기가 먼저 개발되었습니다. 하지만 여러분도 이런 게 있다는 사실조차 잘 몰랐었죠? 식물성 인공 고기는 크게 성공하지 못했고 일부 채식주의자들에게도 인기가 많은 편은 아닙니다. 그럼 이 장에서는 이러한 인공으로 만든 식물성 고기부터 세포배양까지 알아보겠습니다.

1
고기가 아닌 고기

식물성 고기

동물성 재료로 만든 고기는 맛이 뛰어나고 필수 아미노산 등의 주요한 영양성분을 지닌 식품으로 많은 사람들이 좋아합니다. 하지만 가축 사육 시 많은 양의 식물을 사료로 투입해야 하고, 채소나 곤충 등에 비해 많은 자원이 투입되기 때문에 식량부족 및 환경오염의 원인이 되고 있습니다.

최근에는 채식주의자나 건강 또는 종교상의 이유로 고기 섭취를 하지 않는 사람들이 늘어나면서 식물의 단백질을 이용해 고기와 유사한 식감을 가진 식물성 고기를 개발하려는 시도가 계속해서 이어지고 있습니다. 과거에는 콩이나 밀 등을 이용하여 고기

형태의 식품을 개발하였으나 진짜 고기와 식감이 확연히 차이가 나서 큰 인기를 얻지는 못했습니다.

최근에는 푸드테크의 발달로 식물에서 단백질을 분리하여 이전보다 고기에 근접한 식품들이 개발되어 새로운 시장을 만들어 나가고 있습니다. 식물성 고기는 고기 소비를 원하는 욕구를 충족시켜 주면서도 기존 고기 생산의 문제점을 상당 부분 해결하였습니다. 또한, 다양한 식품가공기술이 개발되어 기존보다 훨씬 맛이 좋게 만들 수 있습니다. 특히 신념이나 건강상의 이유로 고기를 섭취할 수 없는 사람들에게 고기 고유의 맛을 즐기면서도 실제 고기를 섭취하지 않아도 되기에 큰 인기를 얻고 있습니다. 하지만, 식물성 고기는 기본적으로 식품가공기술을 투입하여 식물성 원료를 고기처럼 가공한 것으로 식품 안전성에 대한 논란이 제기되고 있으며, 동물성 원료로 만든 실제 고기가 가진 고유 영양성분을 그대로 재현해 내기 어렵기에 실질적으로는 고기를 완전하게 대체할 수 없다는 주장도 있습니다.*

앞 장에서 고기 사육으로 인한 기후 위기 및 동물복지의 문제를 살펴보았습니다. 이것을 해결하기 위한 과제로 식물성 고기를 개발하기 시작했습니다. 식물성 고기를 먹어본 적 있나요? 아니 지금도 먹고 있을지 모릅니다. 짜장라면에 든 고기 모양의 건더

두산백과 식물성고기

기 수프가 바로 콩고기랍니다. 검은색을 띠는 과립 수프에는 돼지고기 성분이 들어갔으나, 건더기 수프에는 콩고기가 들어갔다는 라면 업계 관계자의 말이 기사로 발표되어 한때 누리꾼들 사이에 논쟁의 대상이 되기도 했습니다. 이처럼 전에는 콩고기의 한계를 숨기기 위해 양념으로 감칠맛을 더하기도 했는데요. 이젠 부족한 부분을 개선한 새로운 고기들이 세상에 나오고 있습니다.

고기를 실험실에서

처음부터 배양육이 개발된 것은 아니었습니다. 콩고기의 실패로 끝난 줄 알았던 인공 고기 시장에 한 회사가 나타났습니다. '비욘드미트'라는 이름의 회사입니다. 이름이 생소하다고요? 비욘드미트의 대표적인 투자자로 빌 게이츠와 레오나르도 디카프리오가 있습니다. 이들뿐 아니라, 여러 유명인이 이 회사에 투자했습니다. 이 인공 고기는 우리나라에도 수입이 되어 먹을 순 있으나 아직은 가격이 비쌉니다.

비욘드미트의 인공 고기에는 정제수, 분리완두콩단백, 카놀라유, 정제코코넛오일, 분말셀룰로스, 메틸셀룰로스, 감자전분, 천연향료, 말토덱스트린, 효모추출물, 정제 소금, 해바라기유, 글리세린, 건조효모, 아라비아고무, 감귤추출물, 비타민C, 비트 과즙추출물, 초산, 호박산, 변성전분, 안나토색소가 들어가 있습니다.

이와 비슷한 기업으로는 '임파서블푸드'라는 회사가 있는데요. 이곳은 GMO 콩을 주원료로 사용하고 있습니다.

고기의 육즙을 만드는 데 실패한 기업들은 육즙의 '피' 맛을 구현하기 위해 식물에서 헤모글로빈을 찾으려 노력했습니다. '헤모글로빈'이란 단어를 들어본 적 있나요? 세포에게 산소를 공급하고 이산화탄소를 받아 배출할 수 있도록 운반자 역할을 하는 헤모글로빈은 동물의 핏속에 들어 있어요. 근육에도 '미오글로빈'이라는 헤모글로빈과 유사한 성분이 있습니다. 하지만 고기가 아닌 식물에서 육즙을 느낄 수 있는 성분을 찾아야 했습니다. 그러다 찾은 것이 바로 레그헤모글로빈입니다. 레그헤모글로빈은 콩의 뿌리혹박테리아에 있습니다. 이 발견으로 이전의 식감을 뛰어넘어 육즙이 흐르는 고기를 만들어낼 수 있었습니다. 이젠 고기와 식물성 고기를 분간하기 어려워질지도 모르겠습니다. 실제 고기와 성분이 같고 식감도 비슷하게 구현했기 때문입니다.

버거킹은 임파서블푸드와 협업하여 임파서블 와퍼를 판매하였고, 뒤이어 맥도날드에서도 비욘드미트와 협업한 맥플랜트 버거를 팔기 시작했습니다. 우리나라에도 2020년 2월 13일 출시한 롯데리아의 햄버거 메뉴로 리아미라클버거가 있습니다. 롯데푸드가 자체개발한 식물성 대체육인 제로미트를 패티로 사용하였습니다.

참고로 고기가 없으니 칼로리가 낮을 거라고 예상할 텐데요. 아닙니다. 햄버거 하나만으로도 574Kcal로, 이보다 높은 열량의 햄버거 메뉴는 롯데리아에서 찾아보기 어렵습니다. 고기 대신 자극적인 양념으로 허전한 맛으로 메우려고 했기 때문이죠. 아직은 조금 아쉽지만 더 좋은 제품들이 많이 나올 거라 기대합니다.

이러한 가짜 고기에 만족하지 못한 사람들은 진짜 고기를 만들기 위한 실험을 계속 진행하고 있습니다. 식물성 재료가 아닌 고기 세포를 활용해서 안심, 등심 또는 살치살 등 원하는 부위를 키워서 고기로 만드는 연구가 이어지고 있습니다. 실제 동물의 세포로 만들어졌기에 비슷한 맛을 느낄 순 있지만 사실 고기라고

매장에서 판매 중인 인공 고기

보기 어려운 부분도 있습니다. 그럼 그 이유를 한번 알아볼까요?

첫째, 고기 모양의 구조체가 필요합니다. 구조체란 세포가 붙여서 자랄 수 있도록 해주는 것으로 쉽게 이야기하면 세포가 달라붙을 수 있는 건축물입니다. 그 구조체 모양대로 고기가 되는 것입니다. 그럼 이 구조체는 고기로 만들까요? 아닙니다. 우리나라 배양육 업체인 씨위드에서는 미역을 이용해서 이런 구조체를 만들고 있고, 다른 나라에서는 다른 재료를 활용해서 구조체를 만들기도 합니다. 구조체를 만드는 기술은 세포배양육의 가장 큰 기술 중에 하나라고 합니다. 즉 고기 세포를 증식해서 만들었기에 고기가 맞으나, 구조체 즉 알맹이는 미역인 셈입니다. 또다시 속은 느낌이 들지만 내용물은 진짜 고기랍니다.

둘째, 가격이 너무 비싼 게 문제입니다. 배양육이 처음 세상에 나왔을 때는 한 접시에 수십 억 하는 단계였습니다. 지금은 가격이 약간 싸지긴 했지만, 아직도 풀지 못한 난제가 있습니다. 그것은 바로 배양액입니다. 배양액으로 세포를 기르는데요, 이 배양액의 정체가 바로 '소태아혈청'입니다. 영어로는 FBS(Fetal Bovine Serum)라고 합니다. 이게 엄청 비싼데 그 이유가 도축된 소에서 제거한 태아의 혈액을 채취해야 하기 때문입니다. 당연히 가격이 비싸겠지요. 아울러 가축사육의 대안인 배양육을 만들기 위해 먼저 소를 사육해서 송아지를 죽여야 하는 윤리적인 모순도 있습니다. 그래서 이를 극복하기 위해 소태아혈청이 아닌 다른 물질에서 배양액을 찾고자 노력하고 있습니다. 우리나라 배양육 업체인 씨위드에서는 미세조류인 스피루니나를 활용해서 배양액을 대체하는 연구를 하고 있습니다. 물론 다른 나라에서도 다른 재료를 바탕으로 한 배양액을 찾아서 다들 노력하고 있으니 곧 좋은 결과가 있겠지요.

①tissue is taken from animal : 동물에서 조직 채취
②stem cells are extracted from the tissue : 조직에서 줄기세포 추출
③growth serum is added to multiply cells : 배양액에서 세포를 증식
④cells are grown on scaffold to form a muscle : 세포는 구조체에서 성장하여 근육으로 성장

⑤exercise muscle to boost protein : 단백질을 증가하기 위해 근육에 전기 자극을 통한 운동
⑥grind up formed muscle strips : 근육을 띠 형태로 갈음
⑦vitamins, fat, flavor, iron are added : 비타민, 지방, 향료, 철분 첨가
⑧cook and eat : 요리하고 먹기

💬 **토론거리_6**

영국의 총리 윈스턴 처칠은 에세이 《50년 후(Fifty Years Hence)》에서 대체육이 도래하게 될 미래에 대해 예견한 바가 있어요. 앞으로 50년 후의 미래를 생각해 보고 서로 의견을 나누어 보아요.

세포로 만든 참치회

배양육은 소태아혈청을 활용하고 있어 대량 생산하기에는 아직 한계가 있습니다. 하지만 원하는 세포를 증식시켜 원하는 부위를 만들 수 있고, 지방이나 몸에 안 좋은 부분을 처음부터 제거해 만들 수 있습니다. 이러한 기술의 구현은 참치도 가능하고 소의 모든 부위도 가능하며, 심지어는 다른 동물들도 가능합니다.

세포배양을 이용한다면 우리가 보존해야 할 멸종위기의 동물들도 맛볼 수 있는 날이 올지도 모릅니다. 심지어는 공룡 스테이크를 주문할 수 있을지도 모르죠. 물론 맛이 있어야 판매가 되겠지만요.

이처럼 기술의 꾸준한 발전으로 배양육의 가격은 나날이 내려가고 있습니다. 가격경쟁력이 생긴다면 미래 먹거리로 즐기기에 충분히 매력적이지 않을까요?

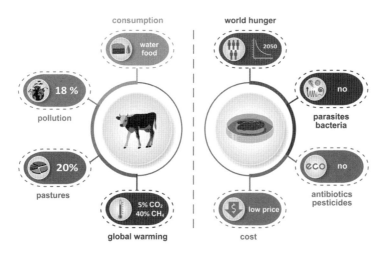

매장에서 판매 중인 인공 고기

consumption : 소비
water food : 물과 사료
pollution : 오염
pastures : 목초지
global warming : 지구온난화
world hunger : 세계 기아
parasites bacteria : 기생충, 박테리아 [no: 걱정없음]
antibiotics pesticides : 항생제, 살충제 [no: 걱정없음]
cost : 비용 [low price: 저렴한 가격]

대화의 수준을 끌어올리는 ; 똑똑이 아이템 9

GMO(유전자 변형 농수산물)

유전자 변형은 특정 작물에 없는 유전자를 인위적으로 결합해 새로운 특성의 품종을 개발하는 유전공학적 기술로, GMO는 이와 같은 유전자 변형을 가한 농수산물을 의미합니다. 이는 넓은 의미에서는 ▷선택적 증식 ▷이종교배 ▷성전환 ▷염색체 변형 ▷유전자 이전 등 생명공학과 밀접하게 연관된 개념이라고 할 수 있습니다. 대표적인 GMO로는 콩, 옥수수, 면화, 카놀라, 사탕무, 알팔파 등이 있습니다. 이러한 GMO는 안전성 논란이 계속되고 있습니다. 인터넷 검색창에 '차코의 눈물'을 검색해 보면 GMO의 안전성에 대해 쉽게 이해할 수 있을 겁니다. 제초제에 강하도록 만든 GMO 콩은 처음에는 적은 양의 제초제에도 잘 자랐습니다. 하지만 제초제에 내성이 생긴 잡초들이 늘어나면서 제초제의 양도 늘어나게 되었습니다. 결국 아르헨티나의 차코주에서는 제초제로 인한 기형아와 암 발생률이 늘어나 더는 사람이 살기 어려워지게 되었습니다.

혹시 공정무역을 알고 있나요? 공정무역은 값싼 제품을 소비하는 대신 돈을 더 주더라도 공정한 생산과정(공정한 임금과 정당한 대우)을 거친 제품을 소비하는 형태입니다. 마찬가지로 GMO 제품도 공정무역을 통해 구입할 수 있는 제도적 장치를 마련해, 차코의 눈물과 같은 일이 벌어지지 않도록 해야 합니다.

GMO 소비가 줄어든다면 GMO 재배면적이 줄어들 것입니다. 참고로 우리나라는 전 세계 GMO 수입 1위이고, GMO 사료 수입은 2위 국가입니다. 현명한 소비가 필요한 때입니다.

콩 나무에서 육즙이?

앞서 짜 고기의 육즙을 만들기 위해서 레그헤모글로빈이 사용한다는 사실을 살펴보았습니다. 고기에서 나오는 육즙은 바로 핏속에 들어 있는 헤모글로빈과 근육에 들어 있는 미오글로빈 때문입니다. 헤모글로빈이 우리 몸속에서 하는 역할을 다들 알고 있나요? 폐에 있는 허파꽈리에서 산소와 이산화탄소를 교환하는 역할을 합니다. 이 역할이 잘 이루어지지 않으면 어지럽고 쓰러지는 빈혈에 걸리게 됩니다. 빈혈약으로 먹는 철분제는 헤모글로빈의 주성분이 철이기 때문입니다. 우리가 피를 맛보았을 때 헤모글로빈으로 인해 철맛이 느껴지는 이유이기도 합니다.

가짜 고기에도 이러한 육즙을 구현하려 식물에 존재하는 글로빈을 찾다가 콩의 뿌리에 있는 뿌리혹박테리아를 발견하게 됩니다. 결국 뿌리혹박테리아에 존재하는 레그헤모글로빈을 찾아냈고, 이를 가짜 고기 육즙에 넣어 사용하게 되었습니다. 이를 추출하는 데에 GMO 콩을 활용하고 있어서, 레그헤모글로빈을 사용하는 비욘드미트의 제품에는 GMO 마크가 붙어 있습니다. GMO에 대해 잘 기억이 안 난다고요? 앞에 똑똑이 아이템을 다시 한번 살펴봅시다.

채식주의자

채식주의자를 우리는 흔히 베지테리언이라고 부릅니다. 하지만 채식주의자는 단순히 채식만 하는 게 아닙니다. 섭취하는 음식의 종류별로 어떻게 다른지 지금부터 한번 확인해 봅시다.

종류	먹는 것
비건(Vegan)	채식
락토 베지테리언(Lacto vegetarian)	채식, 유제품
오보 베지테리언(Ovo vegetarian)	채식, 달걀
락토 오보 베지테리언 (Lacto-ovo vegetarian)	채식, 유제품, 달걀
페스코 베지테리언 (Pesco-vegetarian)	채식, 유제품, 달걀, 생선
폴로 베지테리언(Pollo-vegetarian)	채식, 유제품, 달걀, 생선, 닭고기
플렉시테리언(Flexitarian)	채식하지만 때때로 육식도 겸함
푸르테리언(Fruiatian)	식물의 생명을 존중해서 식물의 본체는 먹지 않고 열매와 씨앗만 먹음

2
인공 고기

3D프린터로 고기를

이스라엘의 대체육 개발 업체인 '알레프 팜스(Aleph Farms)'는 2019년 10월 26일 중력이 거의 없는 우주 궤도 위 국제우주정거장(ISS)의 3D 바이오프린터 안에서 작은 크기의 근육조직을 배양하는 데 성공했습니다. 지구에서 수집한 소의 세포를 잉크로 사용해 고기와 질감이 유사한 조직을 만드는 데 성공한 것입니다.

사실 3D 바이오프린터로 만든 고기의 맛은 일반고기에 비해 좋은 편은 아니었지만, 이 배양의 성공을 통해 향후 우주정거장에 사는 사람들에게 고기를 제공할 수 있어 의미 있는 과학적 성과로 평가받습니다. 만약에 고기를 얻으려 우주에서 소를 키운다

3D프린터로 제작하는 고기 모형

면 많은 양의 물과 산소와 사료 등이 필요하지만, 이번 기술의 구현으로 대규모 생산까지는 아니더라도 그 가능성을 보았다고 할 수 있습니다. 언젠가는 우주를 유영하며 우주에서 키운 소고기를 먹을 수 있길 기대합니다. 3D 바이오프린터를 활용해 만든 소고기를 어서 빨리 맛볼 수 있는 날이 왔으면 좋겠어요.

메탄가스를 줄인 진짜 고기

아직도 가짜 고기를 찾아 헤매고 있나요? 사실 낙농업이 주요 산업인 나라들은 온실가스 배출의 주범으로 낙인이 찍힌 낙농업을 지속 가능한 사업으로 바꾸기 위해 메탄가스를 줄이기 위해 노력하고 있습니다. 현재까지 개발된 기술들을 지금부터 알아볼까요?

메탄가스를 줄이는데 효과를 보이는 다양한 사료가 주목받고 있는데요. 스코틀랜드에서는 젖소가 매일 섭취하는 사료에 약 15g의 마늘과 감귤류 과일의 보충물을 사료에 배합했더니 메탄가스 배출량이 38% 이상 감소하였다고 합니다. 또한 마늘이 젖소를 귀찮게 하는 파리를 쫓아 젖소들이 스트레스를 덜 받게 되어 산유량도 8% 이상 증가했다는 연구 결과가 발표되었습니다.

호주 연방과학산업연구기구(CSIRO)는 실험실의 해조류를 먹이로 사용한 결과 메탄가스가 80% 이상 감축된다는 것을 확인했습니다. 또 아스파라거스는 사료가 소화되는 과정에서 생리활성 물질인 브로모폼을 생산해 장내 메탄가스를 발생시키는 특정 효소를 억제한다고 합니다.

벨기에의 플랑드르 농수산식품연구소(ILVO)는 맥주를 만들고 남은 발효된 보리를 소에게 급여한 결과 메탄가스 배출이 13% 가량 줄어들었다는 연구 결과를 발표했습니다. 이처럼 부산물을 사료로 활용하면 콩 등 곡물 첨가를 줄여 생산비를 줄일 수 있고, 식품 폐기물 감소, 목장의 생태학적 발자국 감소 등 환경에도 좋은 결과를 가져올 수 있을 것으로 예측합니다.

3

세포배양과
유전자 기술

세포배양 vs 유전자 변형(GMO) vs 고기

위에서 살펴본 것과 같이 세포배양과 유전자 변형을 활용한 가짜 고기가 우리에게 어떤 영향을 끼칠지는 누구도 알지 못합니다. 미국의 미래학자 피터 드러커(Peter Ferdinand Drucker)는 "미래를 예측하는 가장 좋은 방법은 미래를 만드는 것이다"라고 이야기했는데요. 우리의 선택이 만들 미래를 다시 한번 확인해 보겠습니다.

첫째, 세포배양은 원하는 세포를 만들 수 있다는 큰 장점이 있으나, 세포를 배양하는 액체에 소태아혈청(FBS, Fetal Bovine Serum)

이 들어간다는 윤리적 문제가 있습니다.

둘째, 유전자 변형(GMO) 콩을 활용하여 만든 고기입니다. 장점은 식물로 만든 단백질임에도 근육 속에 있는 미오글로빈과 같은 역할을 하는 레그헤모글로빈을 통해 육즙을 느낄 수 있으나 GMO 콩을 활용한 것이 문제가 됩니다.

셋째, 고기입니다. 고기를 키우기 위해서는 많은 물, 사료가 필요하고, 무엇보다 가장 큰 문제점은 메탄가스입니다. 물론, 개량된 사료를 통해 메탄가스를 줄이려 노력하고 방귀세를 부과해 책임을 나누려고 합니다.

이처럼 우리에게 있는 이러한 기술들이 앞으로 어떻게 바뀔지는 아무도 모릅니다. 그 선택의 끝에 새로운 미래가 기다리고 있겠지요. 올바른 선택이 무엇인지 누구도 모르지만, 항상 비판적 사고를 하고 신중한 선택을 해야 더 나은 결과를 가져올 것입니다.

세포배양 vs 줄기세포

네이버 지식백과 사전에 의하면 줄기세포는 여러 종류의 신체 조직으로 분화할 수 있는 능력을 갖춘 세포, 즉 '미분화' 세포입니다. 이러한 미분화 상태에서 적절한 조건을 맞춰주면 다양한 조직 세포로 분화할 수 있습니다. 다시 말해 줄기세포란 처음 수

정란이 분화 과정에서 몸의 각 부분으로(뇌, 심장, 팔, 다리 등) 발전하는 세포를 의미합니다. 하지만 사람의 수정란이나 동물의 수정란은 결국 성체가 되는 것을 막고, 그 세포를 우리가 활용하기 때문에 윤리적 문제가 있습니다. 이에 종교계에서는 강력하게 비판하고 나섰고, 이를 활용하기는 어려워졌습니다.

그러나 우리 몸에서 양은 적지만 다른 세포를 찾아냈습니다. 대표적으로 골수에서 추출한 성체줄기세포이지요. 하지만 성체줄기세포는 또 다른 문제가 있었습니다. 성체줄기세포는 골수에서 혈액을 만드는 세포로밖에 분화되지 않았습니다.

이러한 문제를 해결하기 위해 또다시 노력하여 만들어진 세포가 지금 가장 많이 활용되고 있는 '유도만능줄기세포'입니다. 세포를 역분화 유도하여 유도만능줄기세포로 만들면, 이 세포는 어떠한 분화 유도인자를 받느냐에 따라 우리가 원하는 세포로 분화시킬 수 있는데요. 이를 만능줄기세포라 합니다. 이러한 줄기세포를 통해 우리는 세포배양의 힘을 가질 수 있게 되었어요. 곧 조금 더 통제가 가능한 세포들이 나올 수 있을 겁니다. 이를 통해 몸에 해로운 콜레스테롤이나 몸에 해로운 지방 등은 없애도록 만들 수 있겠지요. 앞으로 세포배양의 기술과 줄기세포로 역분화 유도하는 것들과 관련된 생명공학들이 더욱 발전되어야 할 이유이기도 합니다.

4

이미 제3차
세계전쟁 중

배양 vs 양식

우리가 미래 먹거리를 꼭 알아야 할 이유가 바로 식량 안보 때문이었지요. 앞으로 기후 위기가 더 심화될수록 재배할 수 있는 면적은 점점 줄어들어 많은 어려움이 발생할 것입니다. 조만간 배양이 더 나은 선택일지 양식이 더 나은 선택일지를 결정해야 할 것입니다.

넷플릭스의 다큐멘터리 〈카우스피라시〉에 따르면 1812년 10억 명이던 인구가 1912년에는 15억 명, 2012년에는 70억 명으로 늘어나 먹을거리가 부족해졌다고 합니다. 하지만 인류가 기르는 가축은 700억 마리로 인구보다 10배가 많습니다. 전 세계의 인류는 하루에 200억 리터의 물을 마시지만 15억 마리의 소는 하루에 1,700억 리터의 물을 마십니다. 사료는 얼마만큼 필요한지 가늠조차 되지 않습니다. 이처럼 양식이 더 나을까요? 아니면 배양이 나을까요?

대부분의 미래학자들은 양식이 미래 산업에는 적합하지 않을 확률이 높다고 주장합니다. 앞에서 배웠듯이 소의 메탄가스를 줄이기 위한 다양한 기술이 적용된 사료들도 나오고 있고, 물을 정수해서 재사용하는 등 여러 가지 대비를 하고 있습니다. 하지만 아직 온실가스와 물, 사료 등의 문제를 완벽히 해결하지 못했습니다. 외계인이 지구에 침공했을 때 지구를 지배하는 것은 인류가 아니라 닭이라고 착각할 수 있다는 말과 아마 이 시대의 지층에는 닭 뼈가 기준화석이 될 것이라는 말들이 이제는 낯설지 않은 이유이기도 합니다. 우리가 이 문제에 대해 진지하게 고민해야 한다는 것을 의미합니다. 물론 배양만이 살 길이라고 주장하는 것은 아닙니다. 하지만 배양도 중요하고 기존의 사육도 중요합니다. 하지만 하나만 고집하는 것보다는 계속해서 서로 상호 보완적으로 만드는 것이 우리가 앞으로 해야 할 일이라고 생각합니다.

종자 전쟁 vs 세포 전쟁

식량 안보를 논하기 위해서 꼭 말하는 것 중의 하나가 바로 종자 전쟁입니다.

네이버 지식백과에 의하면 종자 전쟁은 신품종의 종자 개발 및 공급을 둘러싸고 국가나 기업 간에 정치적, 경제적 대립이 격화되는 현상을 말합니다. 국제식물신품종보호동맹(UPOV)의 협약에 따라 신품종에 대한 지적재산권이 보호되면서 앞다투어 신품종 개발에 박차를 가하고 있습니다. 특히 21세기는 종자 전쟁이 예고되는 만큼 농업 생산의 중요한 기반인 종자의 공급력을 확보한 국가나 기업이 강력한 지배력을 갖게 될 것은 분명하고 이를 통한 기업의 이윤도 많이 발생하고 있습니다.

이러한 인식과 함께 많은 나라에서 자국의 고유 품종이 외국으로 유출되는 것을 법으로 금지하며 종자를 보호하고 있습니다. 그뿐만 아니라 미국, 유럽 등의 거대 종묘회사들은 막대한 자금을 투자하여 경쟁력 있는 품종의 수집 및 보존, 유전자 정보를 이용한 신품종 개발 능력을 고도화시키고 있어 식물 종자를 둘러싼 국제적인 경쟁은 더욱 치열해질 전망입니다.

우리나라는 일제 강점기 때 많은 품종을 일본에 빼앗겼습니다. 또한, 1997년 IMF 당시 외국의 다국적 기업들에게 알짜배기 우리나라 종자들이 헐값에 팔렸습니다. 그래서 우리나라 고유의 종자임에도 불구하고 돈을 주고 사야 하고, 물건을 판매한 대금의 일정 부분을 사용료로 지급해야 합니다. 이것이 바로 종자 전쟁이 일어난 이유이기도 합니다. 우리가 아는 저작권이 종자에도 통하는 것입니다. 물론 이러한 종자 개량을 위해서 노력하다 보니 새로운 GMO가 개발되기도 하였습니다. 그러나 이제 종자 전쟁에서 새로운 전쟁으로 옮겨가고 있습니다. 바로 세포 전쟁입니다. 소의 품종에서 세포로 식물의 품종에서 세포로 변화하게 되면 이제는 우리도 기준 세포들을 확보하는 것이 중요하겠지요. 영화 〈쥬라기 공원〉에서 호박과 함께 굳은 모기의 피에서 공룡의 피를 추출하고 이 피를 통해 공룡을 다시 만들어낸 것처럼 언젠가는 공룡의 고기도 맛볼 수 있는 날이 올지도 모르겠습니다. 하지만 이 공룡의 피 또는 세포를 추출한 회사에 비용을 내고 먹을지, 아니면 우리가 먼저 이 기술을 개발해서 우리가 사용료를 받을지가 해결되어야겠지요. 왜 전쟁인지 이해가 되나요? 종자 전쟁엔 실패했어도 세포 전쟁에서는 꼭 승리하는 대한민국이 되길 간절히 희망합니다.

— 5장 —
미래 농부

옛날에는 다수의 직업이 농부였습니다. 먹을 것이 부족하기도 했고, 지금처럼 기계나 품종의 개량이 없었기 때문입니다. 그러다 산업혁명을 겪고 점차 농사를 대규모로 짓는 공장식 농업으로 변화하며 농업도 발전했습니다. 생산이 늘어나고 자동화 기계의 등장으로 일손이 줄었고, 이는 다른 산업이 발전하는 계기를 마련하였습니다. 하지만 급속도로 늘어나던 농업 생산량이 점차 둔화되어 거의 한계점에 도달하였습니다. 그래서 앞으로 늘어날 인류의 먹거리를 충당하기 위해서 어떤 노력이 필요한지 고민을 시작하게 되었습니다. 설상가상으로 기후 위기로 인해 작물의 재배 면적은 줄고 기상이변으로 수확을 제대로 기대하기 어려운 지경에 이르렀지요. 미래에는 이를 극복하기 위해 위에서 언급한 공장식 농업도 유지되겠지만, 개인마다 농장을 갖춘 농부가 될 확률이 높아질 것 같습니다. 미래에는 모든 사람이 농부가 된다니, 그 이유가 궁금하시죠? 지금부터 알아보겠습니다.

1
식물 공장

마션의 감자밭을 우리집으로

영화 〈마션〉을 보면 화성에서 온실을 설치하고 어렵사리 식물을 키우는 장면이 나옵니다. 흙에 감자를 심고 동료들의 변을 활용하여 거름으로 주며 키워 보지만, 먼지폭풍에 온실이 망가지며 그 안에 있던 감자들은 화성의 낮은 기온에 순식간에 얼어버리고 맙니다.

이처럼 식물을 키우는 것은 많은 것들을 필요로 합니다. 그렇다면 식물을 키우는 데 가장 큰 걸림돌은 무엇일까요? 작물이 자라는 데는 크게 5가지가 필요합니다. 빛, 온도, 습도, 이산화탄소 그리고 영양액(물을 포함한 영양소 또는 토양)입니다. 하지만 기후 위기로 인하여 이 5가지 요소가 다 엉망이 되어 가고 있습니다. 온도가 변하고 비가 오지 않거나 너무 많이 와서 홍수가 발생하고 습도도 일정하지 않습니다. 오존층 파괴로 인해 강한 빛이 내리쬐어 식물이 화상을 입기도 합니다. 늘어난 이산화탄소로 광합성을 하는 데는 도움이 되겠지만 식물도 온실가스로 고통받습니다. 서두에 이야기한 것처럼 식물은 동물처럼 이동할 수 없으므로 피해는 더 심각합니다.

그래서 이를 해결하려는 방안 중 하나가 식물공장입니다. 밭을 집 안으로 들여오는 상상을 가능하게 한 것은 바로 수경재배였습니다. 수경재배란 식물을 토양 대신 젤리 또는 영양액에서 기르는 것입니다. 수경재배를 통하면 물을 줄 필요가 없어 무척 편하지요.

처음에는 물만 대신했지만, 태양의 역할을 LED 전구에게 맡기고 실내에서는 온도와 습도를 조절할 수 있으니 이제는 집 안에서도 바깥 못지않게 식물을 키울 수 있게 되었습니다. 마치 아파트 단지처럼 층층이 인공태양인 LED를 장착해 식물을 키울 수 있는 가구들도 인터넷에서 판매하고 있습니다. 이러다 보니 땅을 많이 차지하지도 않고 밖에 비바람 또는 태풍이 몰아쳐도 걱정이 없습니다. 쉽게 말해 아파트 온실이 된다고 볼 수 있겠지요. 또한 재배 면적이 늘어나면 광합성에 의해 이산화탄소가 절감하는 효

화성의 기지 예상도(재배공간 포함)

과도 볼 수 있으리라 생각됩니다.

　이제는 우리나라에서도 식물재배기에 관한 관심도 높아져서 월정액을 납부한 후 대여하는 업체도 있습니다. 게다가 지하철역에 식물공장이 있답니다. 여기서는 무농약의 친환경 제품을 만들어 판매하고 남는 것은 샐러드 및 샌드위치 가게에 납품하고 있습니다. LED 조명을 통한 광합성으로 생성된 산소는 지하철 역사로 공급한다고 하니 너무 좋은 아이디어지요. 공장은 지하철 7호선 상도역에 있습니다. 이곳에 있는 메트로팜은 견학도 가능하니 한번 가서 직접 확인해 보시는 것도 추천합니다.

대화의 수준을 끌어올리는; 똑똑이 아이템 10

메트로팜

메트로(metro)+팜(farm)은 지하철에 설치한 스마트팜의 한 종류입니다. 첨단정보통신기술(ICT)을 활용해 시공간의 제약 없이 원격으로 작물의 생육환경을 관측하고 최적의 상태로 관리하는 과학기반의 농업방식을 말합니다. 현재 메트로팜은 7호선 상도역, 천왕역, 5호선 답십리역, 2호선 충정로역, 2·3호선 을지로3가역에 있습니다. 메트로팜에서 재배하는 작물은 버터헤드레터스, 카이피라, 이자트릭스, 롤라로사, 프릴아이스, 스텔릭스, 파게로, 뉴햄, 이자벨 등이 있습니다. 처음 들어보는 작물 이름도 많지요? 사실 메트로팜에서는 희소성이 높은 작물을 키우고 있습니다. 농가에서 많이 재배하는 작물을 키우면 가격 변동에 영향을 줄 수 있기 때문입니다. 게다가 메트로팜의 작물은 날씨에 무농약, 무항생제로 최상의 품질의 상품을 재배할 수 있으므로 일반농가에 피해를 주지 않는 선에서 재배하고 있습니다. 또한 오토팜(Auto Farm)은 로봇으로 컨테이너 안에서 씨를 뿌리고 재배하고 수확까지 스스로 할 수 있습니다. 이 오토팜은 현재 남극 세종기지에도 설치가 되었습니다. 이외에도 팜 아카데미(Farm Academy) 운영을 통해 체험을 할 수 있고, 카페가 설치되어 주스 및 샐러드를 먹고 만들어 볼 수도 있습니다.

사진 출처: 농촌진흥청 공식블로그 농다락(農多樂)

일석삼조(맑은 공기, 싱싱한 채소, 미세먼지 제거는 덤으로)

옛날에는 거의 모든 육지에 식물이 자라고 있었습니다. 당연히 식물이 많으니 공기가 맑을 수밖에 없었겠지요. 하지만 산업혁명 이후에 화석 연료를 태우고, 공장을 짓기 위해 산을 깎거나, 숲을 파괴하는 행위들을 거듭하면서 식물재배 면적은 점차 줄고 있습니다. 지구의 허파인 아마존 밀림의 면적도 점차 줄어가고 있습니다. 그렇다고 기후 위기를 위해 아마존을 개발하지 말라고 브라질에 요구할 수도 없는 노릇입니다. 그러나 농작물이 집에서 자라게 되면 식물의 광합성으로 맑고 깨끗한 공기를 얻을 수 있습니다. 아울러 배송료 없이 싱싱한 채소를 얻을 수도 있고요. 집 안의 미세먼지는 잎에 붙기도 하고 공기구멍을 통해 흡수되어 분해됩니다. 또한, 식물에서 발생한 음이온에 의해 바닥에 떨어

식물공장 모습

져 제거할 수 있습니다. 이제는 필터를 가는 공기청정기가 아니라 진짜 야채를 키우는 식물공장으로 갈아타는 것은 어떨까요? 물론 아직은 장비 설치비가 비싸서 채소를 사 먹는 게 훨씬 저렴합니다. 하지만 조금 더 대중화가 된다면 공기청정기보다 충분히 매력적이라고 생각합니다.

2
물류 혁명

주차장을 식물공장으로

미래에 바뀔 기술은 너무 많습니다. 그중 하나가 바로 자율주행 자동차입니다. 앞으로 자율주행 자동차가 실용화되면 운전을 안 해도 되는 날이 올 것입니다. 단지 사고가 줄어들고 몸이 편하게 될 것이다가 끝이 아닙니다. 이 기술로 자동차의 개념이 바뀌게 될 테니까요.

자동차는 생각보다 애물단지랍니다. 사용할 때는 좋지만 대부분의 시간을 주차장에서 보내지요. 시내에서는 주차공간을 찾는데에 애를 먹습니다. 하지만 자율주행 자동차가 상용화되면 자동차는 소유의 개념에서 공유의 개념으로 바뀌게 될 것입니다. 그럼 아파트 주차장은 비게 될 테고 이곳을 거대한 식물공장으로 만들 수 있습니다. 그럼 신선한 지하 식물공장에서 원하는 식물을 사먹거나 마치 텃밭처럼 서로 나눠 세대별로 부지를 배정받아, 그 주차장 용지에서 내가 원하는 식물을 키워 먹는 날이 올 것입니다. 지하 주차장에서 나오는 신선한 공기는 아파트 내부에 공급해 공기청정기 역할을 하고요. 지하 주차장이 바로 먹을 수 있는 채소와 과일 보관소로 탈바꿈할 날이 머지않았습니다.

비가 오나 눈이 오나 바람이 부나

식물공장의 가장 큰 장점은 바로 비가 오나, 눈이 오나, 바람이 부나 상관없이 작물을 재배할 수 있다는 것입니다. 거기에 무농약으로 재배하니 몸에 좋습니다. 씻을 필요도 없고, 정말 밭에서 바로 수확하는 것처럼 신선합니다. 이러한 시설은 굳이 장소를 가리지 않습니다. 이렇게 좋은 것을 왜 바로 만들지 못할까요?

사실 시내에 이런 것을 만드는 데 가장 큰 문제는 비싼 집값이었습니다. 그래서 앞서 말했던 가구 또는 식물재배기를 통한 자투리 공간들을 활용해서 재배하는 방법으로 극복하고 있습니다. 또한 신선한 채소 및 과일을 구하기 어려운 북극과 남극에서도 식물공장으로 신선도와 배송의 문제가 해결됩니다.

물론 이런 곳에 크게 짓기는 어렵지만, 먹는 사람이 적다면 컨테이너를 활용한 식물공장을 모듈 형태로 개발하여 원하는 위치에 놓기만 하면 됩니다. 씨앗과 물과 영양분과 전기시설이 있다면 계속해서 신선한 야채 및 과일을 먹을 수 있습니다. 마치 앞에서 언급한 영화〈마션〉처럼 계속해서 음식을 구해 자급자족을 할 수 있는 신세계를 만날 수 있을 것입니다. 이 수요가 점차 늘어나면 대량생산이 가능해져서 식물공장의 가격도 저렴해질 겁니다. 비싼 가격이 단점이지만, 기후에 영향을 받지 않고 농작물을 재배할 수 있다는 큰 장점이 있습니다.

노지에서의 재배는 기후 위기로 인하여 점차 어려워지고 있습니다. 식량은 1%가 줄어들면 가격이 폭등하고 1%의 과잉생산에도 가격이 폭락합니다. 수요와 공급에 따라 가격이 책정되기 때문입니다. 고로 안전한 생산이 유지되면 식량 공급가에 안정이 오겠지요.

3

저장 창고와 온실은
역사 속으로

농산물 저장 창고와 온실

제철 과일은 밭에서 아무런 조치 없이 키우니 온실이나 비닐하우스를 사용하는 것보다 더 재배 단가는 낮습니다. 하지만 같은 시기에 출하되어 수요보다 공급이 많아 가격이 낮게 형성됩니다.

그래서 사람들은 이 많은 공급 과잉을 해결하기 위해 가공을 하기 시작했습니다. 포도가 쌀 때 많이 사서 포도주 또는 포도잼과 같은 것들로 가공해 오랜 시간 먹을 수 있도록 유통기한을 늘렸습니다. 또는 급속냉동으로 저장 기간을 늘려 오랫동안 먹을 수 있게 하였습니다. 농산물의 맛과 식감을 유지하고 보관만 가능하다면 큰돈을 벌 수 있었고, 이는 모든 농부의 희망이기도 했지요.

　과일을 가공하지 않고 보관하려면 저온 저장 창고에 저장해야 합니다. 그러나 과일을 저온으로 보관하더라도 중간에 부패하거나 썩어버리는 것들이 발생합니다. 시간이 지날수록 과일의 맛도 상품 가치도 많이 떨어집니다.

　이처럼 저온 저장 창고를 활용하거나, 온실을 활용하여 과일의 맛과 당도는 조금 부족해도 시기를 앞당기거나 늦춰 판매하곤 했습니다. 그러나 눈이 많이 와서 온실이 무너지거나 온실용 파이프가 휘어지는 것들을 뉴스를 통해 보셨을 겁니다. 식물공장을 활용하면 이런 걱정이 싹 사라질 것입니다.

　식물공장은 쉽게 말해 크고 튼튼한 온실입니다. 온도와 습도도 각종 센서에 의해 조절되고 무농약으로 재배되기 때문에 건강에도 좋으며 제철에 키울 필요도 없습니다. 조금 더 늦게 키워도 되고, 빨리 키울 수도 있습니다. 즉, 농산물 저장 창고와 온실은 더는 필요하지 않게 될 것입니다. 사실 농산물의 혁명은 여기에 있습니다. 이제는 제철도 필요 없고, 원하는 시간과 타이밍에 맞춰 생산하게 되며, 그러다 보니 수요에 의한 공급이 제대로 이루어질 수 있습니다. 인구절벽 시대 비어 있는 집과 상가들이 새로운 식물공장으로 발돋움할 수 있을 것입니다.

대화의 수준을 끌어올리는 ; 똑똑이 아이템 11

식량 공장의 서버화

스마트팜과 같이 자동화를 통한 인력의 최소화 작업은 현재와 같은 인구절벽 시대에 꼭 필요한 장치는 맞습니다. 하지만 식량 공장이 어떤 업체에 의해 독점으로 운영된다면 각 나라에서 어떤 채소를 재배하는지 얼마만큼 수요와 공급이 되는지 알게 되고, 이로 인해 가격 경쟁력이 있는 작물만 재배할 수도 있겠지요.

하지만 독점으로 하지 않는다고 해도 우리나라에서 자라는 작물과 해외에서 만든 식물공장과 조도, 습도, 양분 등이 다르므로 우리는 다시 우리나라에 필요한 것들을 세팅해서 사용해야 합니다. 사실 이건 식물뿐 아니라 생선 양식에도 똑같이 적용됩니다. 고등어는 어느 나라에서 수입해 올까요? 대부분 노르웨이에서 수입해 옵니다. 노르웨이는 국가의 적극적인 지원으로 스마트 양식을 도입하고 있습니다. 하지만 이 기계를 들여와 우리나라에서 똑같이 적용하고 싶어도, 고등어가 아닌 돔이나 복어를 키우려면 수온과 양식을 우리 생선에 맞도록 다시 조정해야 합니다. 그러다 조정을 조금이라도 잘못하면 애써 키운 생물이 다 죽습니다.

이처럼 우리가 스스로 개발하지 않으면 외국자본에 의해 좌지우지되는 것들이 많습니다. KTX가 도입될 당시부터 지금까지도 역방향 의자가 있습니다. 우리나라에서는 이것을 고치고 싶었지만, 수출 당시 프랑스에서는 차내 부품을 바꾸면 안 된다는 규정을 내세우는 바람에 불편하더라도 역방향 의자를 단 채 수입할 수밖에 없었다고 합니다. 이처럼 우리나라의 원천 기술은 매우 중요합니다.

농약뿐만 아니라 사라질 각종 약품

사람들은 과일과 채소에 묻은 잔류농약을 걱정합니다. 잔류농약을 제거하기 위해 초음파 세척기를 구매하는 집도 있습니다. 하지만 농약만큼 몸에 해로운 것이 바로 과일과 채소에 사용되는 각종 약품입니다.

농약 다음으로 우리가 많이 사용하는 제품은 '카바이드'입니다. 카바이드는 식물을 빨리 익히게 하는 약품으로 귤, 홍시, 곶감, 키위, 바나나, 오렌지 등에 사용되었습니다. 카바이드를 종이에 두 스푼 정도 넣고 옆에 두면 공기와 반응하여 에틸렌이 발생하게 됩니다. 이 에틸렌을 활용하여 과일을 숙성시키는 데 사용한 것입니다. 하지만 이때 사용되는 카바이드는 공업용입니다. 공업용이니 가격은 저렴하지만, 황, 인, 질소, 규소 등 다양한 불순물을 많이 포함하고 있습니다.

과일에 묻은 불순물이 섭취 시 해롭다는 것이 밝혀져 이제는 사용하는 것이 금지되었습니다. 사용하다 적발되면 불법으로 법의 처벌을 받게 됩니다.

농약 살포

　에틸렌 가스는 식물이 상처가 났을 때 나오는 가스로 사실 몸에는 해롭지 않습니다. 현재는 우리나라는 카바이드 사용을 방지하기 위해 '에틸렌 발생기'를 보급하고 있습니다. 그러나 이 외에도 과일에 색깔을 잘 내기 위해 바르는 착색제, 썩지 말라고 바르는 방부제, 여러 가지 농약 등 각종 불순물이 있습니다. 그러나 식물공장이 활성화된다면, 이런 각종 약품에서 해방될 수 있습니다. 병충해로부터 보호하기 위해 사용되는 농약들도 이제는 필요 없습니다. 식물공장은 농업의 단점들을 해결할 수 있는 다양한 장점을 가지고 있습니다.

비료를 살포하는 트랙터

대화의 수준을 끌어올리는 ; 똑똑이 아이템 12

사과는 친환경 과일성숙제

사과는 에틸렌을 많이 함유하고 있습니다. 그래서 보관에 어려움이
있습니다. 하지만 이를 활용해서 다른 과일들과 같이 두면 과일이 빨
리 익게 하는 데 도움을 줍니다. 사과는 카바이드처럼 중금속 걱정이
없습니다. 그래서 집에서 과일을 보관할 때 빨리 익어야 하는 과일들
은 사과와 함께 보관해도 되지만 그게 아니라면 너무 익어서 과일을
먹을 수 없게 될 수도 있습니다. 또 감자를 에틸렌이 감자의 싹을 나

지 않게 만드는 역할도 한답니다. 사과는 몸에만 좋은 게 아니라 여러 가지 좋은 일들을 많이 하는 과일입니다. 아침에 사과 한 알만 먹어도 병에 걸리지 않는다고 하지요. 매일 아침마다 사과 하나 어떠세요?

스마트 팜

4차 산업혁명의 시대, 지금까지의 농업은 바뀌게 될 겁니다. 1차 농업혁명은 씨를 뿌리고 경작을 시작한 것이고, 2차 농업혁명은 가축을 활용하여 농사를 짓는 것이었습니다. 3차 농업혁명은 화학비료와 함께 생산량이 비약적으로 증가하는 혁명이었습니다. 4차 농업혁명은 식물공장과 더불어 생산량을 제어하여 수요에 맞게 공급을 끌어내고, 필요한 만큼의 비료를 사용하는 것입니다.

우리는 3차 농업혁명의 시작과 함께 비료를 남용하여 수질을 오염시키고 말았습니다. 그래서 햇볕이 강하고 물의 흐름이 적으면 강에는 녹조가 생기고, 바다에는 적조가 생기게 되었지요.

이제는 이런 문제를 다양한 스마트 기기를 통해 해결할 수 있습니다. AI와 빅데이터를 활용하여 필요한 작물을 재배하고 식물에 필요한 일조량과 수분 공급도 가능합니다. 식물이 필요로 하는 양분을 정확하게 공급하고, 증산작용과 버려지는 물을 재활

스마트 팜의 모습

용 및 회수 시스템을 통해 물 절약도 가능합니다. 예를 들어 토마토를 노지에서 재배했을 때보다 물 사용량을 약 4배 이상 절약할 수 있습니다. 아울러 식물공장에서 나오는 맑은 공기는 지구를 깨끗하게 하고 온실가스 제거에도 도움이 됩니다. 4차 산업혁명 시대에는 단지 과학기술만 발전되는 것이 아니라 농업도 같이 발전하며, 이를 통해 인구 증가에 따른 식량문제도 해결할 수 있을 것입니다.

4

Any Where / Any Time / Any Plant

시공간을 초월한 식물공장

앞서 식물공장에서는 날씨와 기후에 상관없이 시간을 초월해 작물을 키울 수 있다고 하였습니다. 이번엔 공간을 초월한 이야기를 해볼까 합니다. 점점 심각해지는 사막화와 무분별한 도시개발로 인해 농작물을 키울 경작지는 줄어들고 있습니다. 물론 도시 안에 식물공장을 세우는 일도 있지만 사실 이곳 말고 다른 곳을 생각하는 사람들이 있습니다.

그곳은 바로 바다입니다. 바다는 지구의 70% 이상을 차지하고 있습니다. 이 바닷물 위에서 식물을 배에 태워 키우는 것을 꿈꾸는 과학자도 있습니다. 영국의 젊은 벤처기업가들이 개발 중인

수상(水上) 재배 시스템은 땅과 물이 부족한 해안 도시에서도 농작물을 재배할 수 있게 하려고 고안된 '부유식 텃밭'입니다. 이 부유식 텃밭의 이름은 시리프(Sealeaf)입니다.

시리프의 개발 리더인 이드리스 라졸리(Idrees Rasouli)는 "해수면상승과 인구 증가로 인해 농사를 지을 땅이 없어지고 있는 상황에서 바다가 대안이 될 수 있다고 생각했다"라고 밝혔습니다. 시리프는 공기 튜브가 장착된 보트입니다. 보트 위에 농작물이 자랄 수 있는 투명 캡슐이 있고, 태양광 패널이 설치되어 캡슐 내 LED 등을 밝히고, 온도도 조절할 수 있습니다. 캡슐이 투명하므로 낮에는 태양광을 받고 밤에는 LED 등을 활용하여 24시간 내내 식물이 빛을 받을 수 있도록 설계되었습니다. 또한, 물은 빗물을 활용해 사용하기 때문에 에너지 및 수분 제공을 위해 사람의 인력이 필요하지 않습니다. 이러한 시리프를 여러 대 연결하여 사용하면 마치 바다 위에 펼쳐진 논과 밭처럼 거대한 작물 재배 시스템이 완성되는 것이지요. 필요한 작물을 얻으려면 바다로 나가 시리프를 관리하면 됩니다.

다음은 바닷속 이야기입니다. 이탈리아의 놀리(Noli)는 2013년 이전까지는 아름다운 해안으로 유명했습니다. 그러나 2013년부터는 '네모스가든(Nemo's Garden)'으로 더 유명해졌습니다. 네모스가든은 해저 농장입니다. 수심 8m 정도의 바다 밑에 위치하며 투명한 돔 형태를 띠고 있습니다. 공기가 주입된 돔 안에서 농작물이 자랍니다. 바닷물로 만든 온실이라고 생각하면 이해하기 쉬울 겁니다. 바닷속은 온도 변화가 거의 없으므로 냉방이나 난방을 해줄 필요가 없고, 물도 돔 내부의 응축된 수분을 모으면 해결할 수 있습니다. 공기만 지속해서 주입하고, 가끔 영양분만 제공하면 됩니다. 또한 해충의 공격을 염려할 필요도 없고, 가뭄 및 홍수의 피해에서도 자유로울 수 있습니다.

네모스가든의 대표 루카 감베리니(Luca Gamberini)는 인터뷰를 통해 "네모스가든은 지속할 수 있고 친환경적이며 육지 경작과 비교해 더 효율적으로 농작물을 재배할 수 있는 신개념 식물공장"이라고 말했습니다. 실제 연구 결과, 네모스가든에서 재배한 농작물의 품질은 맛과 식감은 같았으나 철분 함량은 더 높고 식물 성장 속도도 더 빠른 것으로 나타났습니다.

상용화를 위한 해결 과제

이와 같이 시공간을 초월해 식물을 키울 수 있다는 것은 긍정적인 일입니다. 하지만 가장 큰 문제인 경제적인 문제가 남아 있습니다. 현재는 노지에서 길러서 배송비가 들지만, 경제적으로는 크게 돈이 들지 않아 수지타산이 맞습니다. 하지만 다양한 노력을 통해 가격경쟁력을 갖추기 위한 다양한 방법들을 모색하고 있습니다. 네모스가든은 새로운 관광자원으로 물고기 양식과 수경재배를 융합한 아쿠아포닉(aquaponics)의 발전을 꿈꾸고 있습니다.

기상이변으로 인해 어느 곳은 폭염과 폭설이 발생하고, 가뭄과 홍수가 나기도 합니다. 이로 인해 열심히 노력한 농작물이 다 죽거나 수확이 불가능해지기도 합니다. 식물공장은 이러한 문제에서 어느 정도 자유로우니 상용화되는 데 큰 무리는 없어 보입니다.

대화의 수준을 끌어올리는 ; 똑똑이 아이템 13

인공 광합성

탄소 중립을 위한 인공 광합성 기술의 성능이 점점 좋아지고 있습니다. 2021년 6월 29일 한국과학기술연구원(KIST)의 청정에너지연구센터 오형석·이웅희 연구원팀이 유재수 경희대 교수팀과 전기화학적 이산화탄소(CO_2) 전환 시스템에서 높은 효율로 일산화탄소(CO)를 얻을 수 있는 나노미터(nm) 크기의 가지 모양 '텅스텐은' 촉매 전극을 개발했다고 밝혔습니다.

오형석 연구원의 인터뷰에 따르면 상용 실리콘 태양전지로 실제 환경에서 햇빛으로 직접 구동되는 진정한 인공 광합성 시스템을 구축했다고 밝혔습니다. 또한 이 연구를 바탕으로 인공 광합성 기술이 실용화되면 온실가스를 줄일 수 있고, 석유화학 공정에서 생산되는 기초화합물을 탄소 중립이 실현된 인공 광합성 방법으로 생산할 수 있다고 밝혔습니다.

이처럼 과학기술을 통해서 인공 광합성을 시키는 방법이 연구되고 있습니다. 이 기술이 더욱 발전하면 화성처럼 이산화탄소가 많은 곳에서 인공 광합성을 통해 이산화탄소를 줄이고, 이를 통해 에틸렌, 메탄올, 에탄올 등의 화합물을 만들어 화성에서 사람이 살 수 있는 환경을 만드는 데 많은 도움이 될 수 있을 거라고 생각합니다.

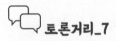 토론거리_7

기후 위기 극복을 위한 방법으로 과학기술이 제시한 해결책이 먼저일까요? 아니면 자연적인 방법으로 먼저 해결해야야 한다고 생각하세요? 여러분의 생각과 정당한 논리를 가지고 토론해 보세요.

─ 6장 ─
미래 먹거리

미래에 등장할 새로운 먹거리로 곤충, 배양육, 가짜 고기, 식물 공장까지 알아보았습니다. 새로운 미래 사회에서 우리가 선점해야 할 부분이 무엇인지 고민하고 준비할 때, 이러한 미래 먹거리를 선점할 수 있겠지요. 어떻게 하면 과거의 잘못을 반복하지 않고 미래를 열어갈지 알아보겠습니다.

1
6차 산업화의 준비

6차 산업화

지난 2016년 다보스 포럼에서 클라우스 슈밥(Klaus Schwab)의 언급으로 '4차 산업혁명'이라는 말이 처음 등장했습니다. 그런데 농업의 신기술을 논할 때에는 '6차 산업혁명'이라는 말을 합니다. 숫자가 높아질수록 좋은 것일까요?

6차 산업화라는 용어는 1990년대 초반 일본 도쿄대학교 이마무라 나오미(今村奈良臣) 명예교수에 의해 제창된 말로 농업은 1차 산업(농축산물의 생산)에 머무르지 않고, 2차 산업(농축산물의 가공) 및 3차 산업(농축산물 유통, 관광 등)까지 영역을 확대할 필요가 있으며 농업의 종합산업화를 전개해야 농촌에 새로운 가치가 창출되고 여성과 고령자에게도 새로운 취업 기회가 창출될 수 있다는 개념입니다. 이는 우리의 방향에도 많은 영향을 미치고 있습니다.

앞서 지하철역의 식물공장을 이야기하였지요? 가까운 곳에서 생산 1차 산업, 그것을 가공하여 샌드위치 및 샐러드를 만들고 3차 산업인 체험과 연계한 것이 바로 6차 산업화입니다(1차×2차×3차=6차). 우리의 미래 전략이 녹아 있다고 보면 이해가 빠를 겁니다. 미래는 융합과 복합의 시대입니다. 생산에서 머물지 않고 가공과 서비스까지 포함한 6차 산업의 꿈을 지금부터 실현해 볼까요?

필요한 기술력

우리나라는 예로부터 자원이 풍족하지 않았습니다. 대체로 무역도 원자재를 수입해서 노동력과 인적자원을 활용해 물건을 만들어 다시 파는 가공무역의 형태였습니다. 이처럼 6차 산업화를 위해 우리나라에서 필요한 학과는 무엇이 있을까요? 물론 학과가 전부는 아니고 대학마다 약간씩 배우는 과목이 다르기도 하지만, 미래의 먹거리와 관련된 대표적인 학과를 알아보도록 하겠습니다. 고려대학교의 인재 양성·진로 가이드북의 미래 먹거리와 관련된 자료에 따르면 다음과 같습니다.

첫째, 생명과학(공학)부입니다. 이 학과에서는 유전 및 세포의

작용원리를 파헤치는 유전학, 세포생물학 등을 배웁니다. 또한 생명현상의 분자 수준 작용원리를 알아보는 분자생물학과 생화학 등도 배웁니다. 아울러 생명을 조직하는 생명공학과 미생물 등을 배우는 학과입니다. 이러한 과목을 좋아하고 배우고 싶다면 생명과학과 또는 생명공학과에 입학하는 것을 추천합니다.

둘째, 식품공학부입니다. 식품공학은 식품을 요리하는 학문이 아닙니다. 더 나은 식품을 개발하는 학문으로 더 맛있고 몸에 좋으면서 편리하고 안전한 식품을 만들어내기 위한 학문입니다. 또 도전정신이 필요한 학과입니다. 3분 만에 밥을 만들고, 밀키트 등 쉽게 조리되는 음식들이나 먹으면 건강에 도움이 되는 식품 혹은 약을 만드는 일을 하게 됩니다. 영양학과 생화학, 유통과 관련된 경제학까지 배우는 학과입니다. 상상을 감히 실천으로 옮기는 도전을 즐기는 학생에게 추천합니다.

셋째, 환경생태공학부입니다. 생태계는 매우 복잡합니다. 이러한 복잡한 관계를 연구하고 규명하여 올바른 생태계 관리에 이바지하는 생태학을 배웁니다. 환경 문제의 과학적인 규명과 해결방안을 위한 환경과학을 배우는 학과입니다. 아울러 지속가능한 생태계 조성 및 복원을 위한 생태공학을 배우는 곳이지요. 환경과 생명현상에 호기심이 많으며 생물, 물리, 화학 등 기초과학 과목에 흥미가 있는 학생이 가면 좋습니다.

넷째, 지구환경과학과입니다. 지구 환경은 크게 지질학과 환경학으로 나뉘어 있으며 땅을 연구하는 구조지질학과 광물 에너지 자원 분야를 연구하는 학과입니다. 지구 속의 물질을 확인하고 이를 통해 폐기물 매립지의 침출수가 움직이는 경로 등을 확인하고 맑은 공기와 물을 마시고 먹도록 노력하는 환경 및 응용지질 분야도 배우는 학문입니다. 눈앞에서 벌어지는 지구 현상에 궁금증이 많은 학생이라면 지구환경과학과를 추천합니다.

다섯째, 화공 생명공학부입니다. 화공 생명공학부는 화학과+ 생명공학과이지만, 관점이 좀 다릅니다. 화학과는 어떤 물질을 만들어내는 것에 있어 경제성에 관심을 두기보다는 화학 현상에 대해 관심을 둡니다. 하지만 화공 생명공학부에서는 인간의 문화 생활에 필요한 물질을 만드는 화학, 물리 및 생물공정의 개발, 설계, 운전 및 관리 운영에 관한 내용을 배우면서 어떻게 하면 싸고 많이 만들어 낼 수 있을까에 대한 생산의 공정과 경제성을 다룹니다. 환경오염이 심각해짐에 따라 이러한 공정을 환경 문제와 따로 생각할 수 없게 되어, 화공과 생명공학부를 함께 배우는 것입니다. 수학과 물리, 화학과 생명과학(생물)에 관심이 많은 학생이 가면 좋습니다. 또한 어떤 현상에 대해서 해석하고 예측하는 것을 좋아하는 학생에게 추천합니다.

여태껏 알아본 것들이 모든 학과를 대변할 수 없지만, 본인이 원하는 것들을 찾는 데 도움이 되길 바랍니다. 무엇보다도 본인이 가고 싶은 대학교의 학과에서 무엇을 배우고 있는지 그리고 그 학부(과) 선배가 어떤 진로로 향해 가는지 등을 확인하면 나의 길을 먼저 볼 수 있습니다. 선배의 모습이 향후 본인의 모습이 될 테니까요.

학과 이름에 모든 것을 보여줄 수는 없으니, 배우는 과목들을 잘 보아야 합니다. 반드시 대학 홈페이지에 들어가 학년별로 무슨 과목을 배우고 전공필수와 전공선택이 어떻게 되는지 확인하고, 필요하다면 과사무실 또는 학부사무실을 통해 확인하는 게 본인의 진로에 도움이 될 것입니다. 시간이 많이 소비되고 꼭 필요한지 모르겠다고요? 하지만 아무런 준비 없이 진학했다가 후회하고 괴로워하며 다시 시작하는 경우들을 생각한다면 지금의 투자는 절대 아깝지 않을 것입니다. 돌다리도 두들기는 마음으로, 결론이 났다면 우직하게 전진하는 모습을 보여주세요.

레드·그린·화이트 바이오

바이오 경제는 크게 레드 바이오(의약 바이오), 그린 바이오(농수산 바이오), 화이트 바이오(산업 바이오)로 구분합니다.

레드 바이오는 질병 치료 등에 활용되는 의약품을 개발하는 분야로 재조합한 바이오 의약품(단백질의약품, 치료용 항체, 백신, 유전자 의약품 등), 재생 의약품(세포치료제, 조직 치료제, 바이오 인공장기 등), 저분자 및 천연물의약품, 바이오 의약 기반 구축 기술 등을 포함합니다.

그린 바이오는 품종개량, 종자 개량, 인공종자, 묘목, 식품 등과 같은 농업에서 수산업, 축산업, 임업 등 1차 산업이 모두 포함됩니다.

화이트 바이오는 바이오매스를 원료로 생물 공학적 기술(효소, 효모 등 생 촉매 이용)을 이용하여 바이오 기반 화학제품 또는 바이오 연료 등을 생산하는 기술 또는 산업을 의미합니다. 화이트 바이오는 기존 석유화학산업과 아주 비슷한 구조로 되어 있습니다. 간단하게 말한다면 석유화학산업이 원유를 근본적인 원료로 사용한다면 화이트 바이오는 원유 대신에 바이오매스를 사용한다는 차이점이 있을 뿐입니다.

특히, 기술적으로도 일정 단계의 산업간 중간재 이동 이후에는 석유화학산업과 화이트 바이오 간에 상호 중간재의 공유도 가능하다는 특징을 가지고 있습니다. 예를 들어 화이트 바이오산업의 초기 구조 단계에서 생산되는 에탄올은 석유화학산업의 대응되는 단계나 업종에 투입될 수 있습니다.

이 모든 바이오 분야가 다 중요하지만, 미래 먹거리에서는 그린 바이오에 국한되던 것들이 이제는 화이트 바이오로 전환하고 있습니다. 예전의 종자 전쟁, 품종개량에서 이제는 화이트 기반의 기술력을 활용하여 반추동물의 메탄가스를 절감하고 플라스틱 대신의 바이오 플라스틱을 활용하는 등 앞으로 미래 사회에 꼭 필요한 기술로 발돋움하고 있습니다. 아직은 화이트 바이오에 관한 연구가 부족하지만 앞으로 발전 가능성이 큰 분야입니다.

2
반복되는 역사

인간은 100세를 넘기기 어렵지만 기록을 통해 현재의 지식을 다음 세대에 전달해 왔습니다. 기록의 가장 큰 장점은 과거의 잘못을 적어 후손에게 남겨줌으로써 다시 잘못하지 않고 올바른 선택을 할 수 있도록 알려주는 것입니다. 반복되는 역사를 이제는 바로 잡아 볼까요?

수소 VS 탄소

태양은 거대한 수소가 핵융합 반응을 해서 헬륨을 만듭니다. 수소 2개의 원자와 헬륨의 무게 차이만큼의 반응의 에너지로 빛을 내는 것입니다. 그 태양빛을 통해 지구의 모든 활동들이 유지되고 있는 것입니다. 수소는 산소와 결합하면 물이 됩니다. 탄소는 산소와 결합하면 일산화탄소 또는 이산화탄소가 됩니다. 온실가스인 이산화탄소를 배출하지 않고 수소 에너지를 썼더라면 지금 우리의 삶은 어땠을까요? 과거를 가정하는 것은 어리석은 일이긴 하지만 가장 늦었다고 생각할 때가 가장 빠른 것이라는 말처럼 수소에 관해 이야기하려고 합니다.

수소를 에너지로 하는 연료전지는 1842년 영국의 물리학자 월리엄 그로브(William Grove)에 의해 최초로 발명되었습니다. 그로브는 황산에 담근 2개의 백금전극에 수소와 산소를 공급하여 전류를 만드는 실험에 성공하였습니다. 그러나, 전류가 매우 작아 실용화에 성공한 증기기관의 그늘에 가려 실용화 연구로 연계되지 않았습니다. 아쉬운 대목입니다.

연료전지는 원료 물질이 가진 화학에너지를 기계적인 에너지로 변환시키지 않고 전기화학적 변환 방법을 이용하여 직접 전기에너지로 변환시킵니다. 연료전지는 장시간의 충전 과정을 거치는 2차 전지와는 달리 연료가 외부에서 지속해서 공급되는 한 계속해서 전기를 발생시킬 수 있는 일종의 발전장치입니다.

이후 1922년 리디얼(Rideal)과 에반스(Evans)에 의해 연료전지 개념이 정리되었으며, 1932년 베이컨(Bacon)에 의해 급속도로 발전하게 되었습니다. 1960년대 초반부터 우주선 및 잠수함과 같

개발 중인 수소자동차

이 단위 부피당 높은 발전 출력이 요구되는 곳에 응용하기 위해 활발히 연구되었고, 1969년 달 탐사선인 아폴로 우주선의 전기를 공급하는 장치로 채택되어 달나라에 다녀오기도 했습니다. 우리나라에서는 1980년대 후반부터 정부 주도로 프로그램을 운영하면서 활발히 연구개발하고 있습니다.

프랑크푸르트 선언

우리나라의 대표기업은 삼성입니다. 누구도 부인하지 않는 사실이지요. 하지만 삼성이 처음부터 잘나갔던 기업은 아닙니다. 이제는 전 세계인과 함께 사용하는 갤럭시 스마트폰은 삼성이 처음 만들었던 제일모직의 양복 이름인 갤럭시에서 차용한 것입니다. 양복이 은하수같이 부드럽다고 해서 갤럭시라 이름 지었다고 합니다. 이처럼 삼성은 원래 스마트폰 만들던 회사는 아니었습니다. 그런 회사가 어쩌다 '프랑크푸르트 선언'을 하게 되었을까요?

내부고발 방송 프로그램에 동영상 하나가 전달되었습니다. 세탁기 부품이 맞지 않아 세탁기 뚜껑을 조립하기 어렵게 되자 직원들이 깎아서 부품을 맞춰 공급하는 몰래카메라 영상이었습니다. 삼성의 직원들은 이것이 당연하다고 생각하는 듯, 아무 생각 없이 부품을 깎고 있었습니다. 이를 본 이건희 회장은 독일 프랑크푸르트에 사장단을 소집하게 됩니다.

여기서 이건희 회장은 아내와 자식을 제외하고 다 바꿔야 한다, 그리고 배워야 한다고 선언합니다. 종류별로 가장 뛰어난 기업을 배우고 이것을 실천하지 않는 이상 삼성은 발전이 없다는 뜻이었습니다. 그 결과 지금의 삼성이 있게 되었지요. 이처럼 삼성은 마치 풀린 신발 끈을 다시 묶듯이 이와 같은 철저한 자기반성의 과정을 겪었습니다. 갤럭시 휴대폰의 전신인 AnyCall은 언제 어디서든 전화가 된다는 점을 강조한 휴대폰이었는데요. 처음 만든 휴대폰이라 불량률이 11.8%로 높아 고객들에게 인기가 없었습니다. 이에 이건희 회장의 특단의 조치인 일명 화형식이 이루어졌습니다. 당시 불량품과 처음 만든 AnyCall 핸드폰을 구미사업장 운동장에 모아놓고 해머로 부수고 기름을 부어 불태워

버렸습니다. 시가 500억 원(1995년 기준)의 전자기기가 모두 잿더미가 되었습니다. 2,000여 명의 임직원은 그 앞에서 "품질은 나의 인격이요, 자존심!"이라는 문구의 현수막을 들고 있었습니다.

이때부터 시작된 AnyCall 신화는 국내 부동의 1위를 넘어 전세계에서 잘 팔리는 거대한 기업이 되기까지 이러한 시련을 극복하고 철저한 자기반성이 있어서 가능했을 겁니다.

붉은 깃발법(Red Flag Act)

산업혁명을 이끈 영국은 세계 최초로 자동차를 개발하였습니다. 하지만 자동차가 상용화됨에 따라 일자리를 잃을까 두려웠던 마부들은 국회를 압박하여 결국 적기조례(최초의 자동차 법)를 만들었습니다. 1865년도에 제정된 내용은 지금 봐도 웃지 않을 수 없습니다.

①자동차의 중량과 폭을 제한한다.(무게 14t, 폭 2.7m).

②자동차 한 대당 운전수, 기관원, 기수 3명이 배치되어야 한다.(최초의 상용차는 28인승)

③교외에서는 6km/h, 시내에서는 3km/h로 속도를 제한한다. (당시 자동차는 30km/h를 낼 수 있었고, 6km/h는 마차의 속도에도 못 미치는 속도였음).

④자동차는 주행 시 전방 55m에서 기수가 빨간 깃발(Red Flag)을 들고 다른 마차나 행인들에게 경고하고 자동차는 기수를 따라가야 한다.

⑤자동차가 말을 놀라게 해서는 안 되며 말과 자동차가 만나면 자동차는 정차해야 한다.

그러는 동안 다른 나라의 자동차들은 편하고 빠르게 발전하였고, 추후 이 법을 폐지하였으나 시기를 놓치고 말았습니다. 소 잃고 외양간 고친 격이 되어버렸습니다. 현재까지 이 적기조례(붉은 깃발법)에 관한 이야기가 회자되고 있는 이유는 바로 시대의 흐름을 잘못 읽은 대표적인 사례로 꼽히기 때문입니다.

우리나라에도 이와 같은 사례가 있었습니다. 현재 자율자동차를 가장 잘 만드는 곳은 어디일까요? 여러 기업이 있지만 그중 우리나라는 한 곳도 없는 게 사실입니다. 하지만 세계 최초로 자율자동차를 만든 곳은 아이러니하게도 대한민국입니다. 그 주인공은 바로 tvN 〈유퀴즈 온 더 블록〉에 출연한 세계 최초 자율주행 연구가 한민홍 대표입니다. 한민홍 대표는 전 고려대학교 산업공학과 교수이자 현재 첨단차 대표로 재직 중입니다. 1993년 도심에서 자율주행에 성공하고 1995년에는 경부고속도로를 자율주행하였습니다. 물론 차선 변경과 같은 기능은 없었지만 그래

마차

도 차간과 차선을 유지하는 기능이 있었기에 가능했습니다. 그러
나 이 좋은 기술을 발전시키지 못하고 지원을 하지 않아 이제는
다른 나라의 특허를 구입해서 사용해야 합니다. 결국 붉은 깃발
법은 언제든지 다시 재현될 수 있습니다. 역사는 반복됩니다. 지
난 잘못을 잊지 않고 새로 나갈 수 있게 비판적 사고능력을 갖춰
야 하겠습니다.

3

미래 먹거리 = 생존

식량의 무기화

미래 전쟁에서는 식량이 무기화되고 돈이 될 것입니다. 농산물을 값싸게 살 때는 좋지만 기후 위기나 기상이변으로 농산물이 부족할 때에는 가격이 무섭게 올라가거나 판매가 금지될 수도 있습니다. 자국의 국민들이 먹고 살 음식이 먼저이기에 수출을 금지하기 때문입니다. 우리나라의 식량 자급률은 어떨까요? 논이 많아 보이지만 사실 우리나라의 식량 자급률은 50% 이하입니다. 거기에 사료(소, 돼지, 닭 등)까지 포함하면 자급률은 20%대로 떨어집니다.

시리아 내전으로 인한 난민으로 유럽은 고민에 빠졌었습니다.

식량 부족을 표현한 아스팔트 도로에 포크와 나이프

여러 나라에 수용된 난민들이 불법을 저지르거나 문화에 동화되지 못해 문제가 되었었지요. 이 시리아 내전의 발단이 바로 식량이었습니다. 러시아는 현재 세계 최대 밀 수출 국가입니다. 이런 러시아에 2010년 극심한 가뭄이 있었습니다. 결과 밀 생산량이 감소하게 되었습니다. 그 해 러시아는 밀을 수출하지 않았습니다. 당연히 러시아의 수출금지조치로 인하여 국제 밀 가격은 60%

넘게 폭등하였습니다.

중동 및 아프리카에서 일어난 '아랍의 봄'도 이 시기에 일어났습니다. 식량 가격이 폭등하자 폭동이 일어나고 이어 내전이 일어나 난민이 발생한 것입니다.

또한 2022년에는 러시아가 우크라이나를 침공하여 또다시 난민이 발생할 위기에 처해 있습니다. 마찬가지로 러시아는 이번에도 밀을 수출하지 않고 적대시하는 나라에는 에너지인 천연가스 등을 공급하지 않겠다고 입장을 밝혔습니다. 이처럼 기후 외에도 다양한 국제 정세에 따라 식량 위기는 언제든 발생할 수 있습니다.

대화의 수준을 끌어올리는 ; 똑똑이 아이템 14

세계는 지금 식량전쟁 중

보통 큰 전쟁이라면 제1, 2차 세계대전 또는 한국전쟁, 베트남 전쟁 등을 떠올립니다. 이 때의 전쟁은 어떤 무기를 이용해 어떻게 적을 죽일지를 고민하는 전쟁이었다면, 미래의 전쟁에서는 식량이 전쟁의 판도를 바꿀 새로운 무기가 될 것입니다.

<농민신문>의 "코로나19 공포 확산으로 세계는 지금 식량전쟁 중"이라는 기사에 따르면, 쌀과 같은 작물은 꼭 먹어야 하는 필수 농산물

이지만 수입에 의존하고 재배하지 않는 것은 위험합니다. 다른 나라가 국가 봉쇄 등의 위급상황에 처해 수출하지 않는다면 그에 의존한 우리나라는 먹을 것이 부족해 힘들어지게 되니까요.

이처럼 코로나19로 인해 식량안보에 새로운 문제가 불거졌답니다. 쌀 개방을 늦추고, 해외에서 들어오는 작물에 관세를 붙이는 이유도 다 여기에 있습니다. 농민들이 재배하는 먹거리가 단순히 식량이 아니라, 우리나라를 지키는 무기가 되는 것이지요. 조금 비싸더라도 우리나라에서 재배된 농산물을 먹어야 하는 이유입니다.

원숭이와 꽃신의 이야기를 들어보았나요? 원숭이는 원래 신발을 신지 않고도 잘 살았습니다. 그러다 어느 날 오소리에게 꽃신을 선물로 받게 됩니다. 처음 신는 꽃신은 불편했지만 발바닥이 아프지 않게 되어 좋았습니다. 이 꽃신이 닳을 때쯤, 오소리가 또 꽃신을 선물로 주었습니다. 원숭이는 꽃신에 길들여지기 시작했습니다. 발바닥의 굳은살이 없어질 때쯤 꽃신이 다 닳아버렸습니다. 그냥 걸으려고 하니 이제는 꽃신 없이 걸을 수 없게 되었어요. 때마침 지나가는 오소리를 보고 꽃신을 구해 달라고 했습니다. 처음에는 잣 5개로 꽃신을 사 신었습니다. 하지만 다음번에 살 때는 잣 10개로 바뀌었고, 점차 많아져서 결국에는 노예처럼 오소리굴을 청소하고 잣도 다 빼앗긴다는 내용의 이야기입니다.

이 이야기의 교훈처럼 우리도 수입에 의존하다 보면 그 나라의 사정 (흉작이나 전쟁에 의한 가격 폭등 및 수출금지 등)에 얽매이게 됩니다. 국내에서 생산되는 농산물 이용해야 할 이유가 하나 더 늘었지요?

러시아 vs 우크라이나

2020년 하반기부터 상승세를 보이던 국제 곡물 가격은 우크라이나 전쟁으로 인해 흑해 지역 수출 비중이 높은 밀, 옥수수, 보리를 중심으로 급등하고 있습니다. 우크라이나와 러시아는 옥수수, 밀, 보리, 해바라기유 주요 생산 및 수출 국가입니다. 우크라이나 세계 곡물 교역량 점유율은 옥수수 14%, 밀 9%, 보리 10%, 해바라기유 43%이며, 러시아는 밀 20%, 보리 14%, 해바라기유 20%입니다. 우리나라는 가공용 옥수수와 사료용 밀의 흑해산 수입 의존도가 높습니다. 우크라이나 사태에도 원산지 대체를 통해 해결할 수 있으나 가격 상승으로 인해 국내 물가 인상 압력은 증가될 것입니다. 사실 전체 물량의 1%만 증가해도 가격은 폭락하고 1%가 부족하면 급등합니다. 위에서 언급한 것처럼, 우크라이나와 러시아가 차지하는 비율이 높은데다, 전쟁을 하는 동안에는 곡물 재배가 어려우니 앞으로가 더 걱정입니다.

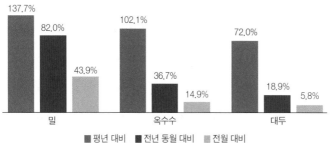

국제 곡물 가격은 금년 2월 우크라이나 사태 악화와 전쟁 발발로 급등한 이후, SWIFT 결제망에서 러시아 은행 차단, 자산 동결 등 미국, 영국, EU, 일본 등의 러시아 금융제재가 본격화되고 전쟁 장기화에 대한 우려가 증가하면서 급등세는 3월까지 유지되었습니다.

아울러 러시아가 내린 수출금지와 전쟁으로 인해 작물 생산이 어려운 우크라이나의 상황을 생각하면 미래는 더 걱정스럽습니다. 위와 같은 일들에 휘둘리지 않고 식량 안보를 지키려면 우리가 직접 작물을 생산해야 합니다. 우리나라 곡물 자급율은 20%가 채 되지 않습니다. 밀의 자급율은 1%가 되지 않으며 옥수수도 3.5%밖에 되지 않습니다.

이처럼 추가적인 식량 확보를 위해서 애쓰고 자급률을 높이며 수입 국가의 다변화를 통해 문제를 해결할 수 있도록 노력해야 합니다. 앞으로 장기간 힘든 시기지만 잘 극복해 우리 농산물 애용을 통해 자급률을 높이도록 다 함께 노력해야겠습니다.

💬 토론거리_8

기후 위기에 따른 난민이 급속도로 증가하고 있습니다. 우리나라도 난민을 받아주고 있으나 무분별하게 수용하다 보면 문제점이 생길 수 있습니다. 올바른 난민 수용에 대해서 토론해 보세요.

자유무역협정(FTA)와 세계무역기구(WTO) 농산물 개방

자유무역협정(FTA, Free Trade Agreement)와 세계무역기구(WTO, World Trade Organization)의 개념을 구분할 수 있나요? FTA는 말 그대로 양자 간에 서로 체결하는 협정입니다. A국가와 B국가 간에 자유무역협정을 맺는 것입니다. 상호 무역 증진을 위해 물자나 서비스 이동을 자유화시키는 협정으로, 국가 간의 관세 및 비관세 무역장벽을 완화하거나 철폐하여 무역자유화를 실현하기 위한 양국 간 또는 지역 사이에 체결하는 특혜무역협정입니다.

WTO는 UR(Uruguay Round) 협정에서는 사법부의 역할을 맡아 국가 사이에서 발생하는 경제분쟁에 대한 판결권을 가지고 있습니다. 판결의 강제 집행권을 통해 국가 간에 발생하는 마찰과 분쟁을 조정합니다. 또 GATT(General Agreement on Tariffs and Trade)에 없었던 세계무역 분쟁 조정·관세 인하 요구·반덤핑 규제 등 준사법적 권한과 구속력을 행사하며, 서비스·지적재산권 등 새로운 교역 과제도 포괄해 세계교역을 증진시키는 역할도 하고 있습니다. 농산물이 개방되기 전 우리나라의 자급률은 40% 이상을 차지하였으나, 값싼 외국 농산물에 의해 휘청거리고 있습니다. 하지만 단점만 있는 게 아닙니다. 이를 통해 우리 농업의 체질을 개선하고 고부가가치의 농산물을 생산하며, 6차 산업화처럼 다양한 체험과 접목한 체험형 농장들이 성과를 내고 있습니다.

대화의 수준을 끌어올리는 ; 똑똑이 아이템 15

우르과이라운드(UR), 가트(GATT)

나라간 무역을 하는데 가장 좋은 것은 서로 관세를 없애는 것이 좋은 것일까요? 관세가 없다면 문제는 무엇이 발생할까요? 값싼 과일이 우리나라에 수입되면 소비자는 값싸게 과일을 먹을 수 있지만 그것을 재배하는 농부 입장에서는 큰 타격을 입게 될 것입니다. 이에 각 나라에서는 자신의 나라는 보호하면서 우리나라의 제품은 관세 없이 팔기를 원하고 있습니다. 우르과이라운드 이후 생기게 된 WTO는 이러한 분쟁을 조절하는 역할을 합니다. 이와 같은 이유로 각 협정이 필요한 것입니다. 우르과이라운드를 말하려면 가트를 먼저 알아야 합니다. 가트(GATT)는 관세 및 무역에 관한 일반협정과 관세, 수출입 규제 등의 무역장벽을 각국의 다각적인 교섭으로써 제거하려는 목적에서 발족했습니다. 원래 가트는 1947년 제네바에서 열린 제2차 ITO(International Trade Organization: 국제 무역 기구) 헌장회의와 함께 회의참가국 간에 잠정적으로 체결되었습니다. 그래서 1948년 1월에 정식으로 발효를 보게 된 협정입니다.

이 협정은 당초 ITO헌장 가운데 통상정책에 관한 부분을 조속히 발동하기 위해 만들어졌으며, 그 조문도 ITO의 무역에 관한 부분을 계승하여 35조로 구성된 간략한 것이었습니다. 그 후 가트는 2차 대전 후의 세계 통화질서 안정의 기초가 된 IMF(International Monetary

Fund) 체제와 아울러 자유무역의 뼈대가 되었으며 자유·무차별 무역의 원칙을 실현하기 위해 2개국 간 내지 다국 간 관세문제를 교섭해왔습니다. 1962년까지 가트는 5회에 걸쳐서 일반무역 교섭을 진행했고 1964년부터 1967년에 걸쳐 케네디라운드를 실시, 관세 일괄인하라는 새로운 방식을 채택하여 평균관세인하율 35%라는 성과를 올렸습니다. 그 후 1973년부터 1979년에 걸친 동경라운드에서는 평균 33%의 관세를 인하하였습니다. 1986년 9월 우루과이의 푼타 델 에스테에서 열린 가트 각료 회의에서 뉴라운드 개시 의제에 합의함에 따라 1987년 초에 출범한 우루과이라운드는 관세인하와 함께 금융, 정보통신, 건설 등 서비스 무역을 주요대상으로 7년간의 협상 끝에 1993년 12월 15일에 완전히 타결되었습니다. 이에 가트체제는 1994년 12월 6일에 막을 내리고 우루과이라운드 협상결과의 준수 여부를 감시할 보다 강력한 세계무역기구(WTO)가 1995년 1월 1일에 출범했습니다.

개도국을 넘어 선진국으로

우리나라가 선진국이 되었다는 소식은 얼핏 보면 기쁜 소식 같습니다. 하지만 여기에는 또 다른 아픔이 숨어 있습니다. 우리나라는 한동안 개발도상국의 지위를 가지고 있었습니다. 개발도상국은 자국 경제를 보호한다는 목적으로 수입품에 관세를 더 많이 오랫동안 부과할 수 있습니다. 1996년 OECD에 가입하게 된 우리나라는 WTO으로부터 선진국의 지위를 요구받게 됩니다. 이에 우리나라는 농업 분야를 제외하고는 개발도상국으로의 요구를 하지 않기로 하고 개발도상국의 지위로 남았습니다.

앞에서 살펴보았듯 식량주권과 식량전쟁에서 조금이라도 우위를 차지하려던 것입니다. 하지만, 2019년 7월 말 미국의 트럼프 대통령은 중국과 한국을 포함한 WTO 회원국들이 더 이상 개도국 지위를 유지해선 안 된다고 주장했습니다. 심각한 무역수지 불균형(무역수지 흑자) 관계에 있는 개도국을 대상으로 다자간 무역협상에서의 시장개방의 폭을 확대시키려는 목적으로 발표된 것입니다.

결국 우리나라는 개발도상국의 지위를 스스로 버리고 선진국이 되었습니다. 더욱 가속화된 관세와 우리 농업이 버티기 어려운 시장이 열리게 된 것입니다. 우리가 직접 농사를 지을 수는 없지만, 우리 농업 발전을 위해 최소한 우리 농작물을 구입하고 아끼며 사랑해야 하겠습니다.

💬 토론거리_9

식량 안보는 외국의 도움 없이 우리가 우리 먹거리를 생산하고 소비하는 것입니다. 식량 안보 수호를 위해 우리가 무엇을 해야 할지 친구들과 토론해 보세요.